Marc C. Berthold

# Schlaumeier

Der Wissensdurst-Löscher.

Verlag und Druck:

Books on Demand GmbH
In de Tarpen 42
22848 Norderstedt
Titelgestaltung: www.designed4you.de

Herstellung und Verlag:
BoD - Books on Demand, Norderstedt
ISBN 978-3-7322-8089-6

## Inhalt

Auto .................. 4

Beruf .................. 8

Fernsehen .................. 11

Frauen .................. 16

Geographie .................. 21

Gesetze .................. 33

Geschichte .................. 41

Gesundheit .................. 48

Internet .................. 55

Kinder .................. 58

Männer .................. 61

Marken .................. 65

Menschen .................. 71

Natur .................. 86

Persönlichkeiten .................. 92

Politik .................. 98

Religion .................. 101

Sport .................. 104

Technik .................. 108

Tierwelt .................. 112

Wissenschaft .................. 125

# Auto

10 % des jährlichen Salzabbaus der Welt werden für die Enteisung der Straßen in den USA verwendet.

Henry Hale Bliss gilt als das erste Opfer durch einen Autounfall im Straßenverkehr in den USA. Und zwar am 13.09.1899.

## In Sindelfingen gibt es Zebrastreifen aus Marmor.

Im US-Bundesstaat Oklahoma ist es gesetzlich untersagt, am Steuer eines Autos ein Comic zu lesen.

Als „Abstandseinhaltungserfassungsvorrichtung" bezeichnet man im Beamtendeutsch den Querstreifen auf einer Autobahn.

Flöhe beschleunigen einhundert Mal stärker als ein Ferrari.

Das erste Autoradio der Welt lief 1922 in Chicago in einem Ford T-Modell.

Von den 221 Staaten und Gebieten der Welt gilt in 59 Ländern Linksverkehr.

Am Gewicht gemessen ist ein Kleinwagen günstiger, als ein Hamburger aus dem Fast-Food-Restaurant.

1/5 der tödlichen Unfälle passieren in China, dort fahren aber „nur" 14% der weltweit zugelassenen Autos.

## In der Formel 1 kostet ein Testkilometer 1.000 US-Dollar.

**1**950 fuhr ein Autofahrer durchschnittlich 1000 Kilometer im Jahr. Heute sind es 12.000.

## Autos in denen Fähnchen im Fenster klemmen benötigen zirka ½ Liter mehr Kraftstoff auf einhundert Kilometer.

**1**960 hielten den VW Käfer 25 Schrauben zusammen.

**N**ur 2 von 3 als gestohlen gemeldete Fahrzeuge wurden tatsächlich geklaut.

**E**in Formel 1-Wagen könnten aufgrund des Ansaugdrucks und der Aerodynamik bei einer Geschwindigkeit von 130 Kilometer in der Stunde, kopfüber an der Decke fahren

**W**enn die Zündung am Fahrzeug angestellt ist und man Musik hört, sollte man den Airbag nicht abstecken. Er würde explodieren.

## Bao Ma (kostbares Pferd) wird in China BMW genannt.

**B**is zum 03. September 1967 galt in Schweden Linksverkehr.

**B**is 1945 hieß Wolfsburg „Stadt des KdF-Wagens bei Fallersleben".

**D**ie erste Ampel der Welt wurde am 10. Dezember 1868 in London aufgestellt, damit die Leute vor den "Houses of Parliament" heil über die Straße kommen konnten. Sie explodierte aber nach nur kurzem Betrieb.

**U**nnützes Hin- und Herfahren ist innerhalb geschlossener Ortschaften verboten, so die Straßenverkehrsordnung. Als Strafe wird ein Verwarngeld in Höhe von 20 Euro fällig.

# ...die Probleme mit der Namensgebung.

Der Elektro-Sportwagen von Audi heißt E-tron. Das Wort étron bedeutet im französischen „Kot".

## Das Wort Vento, eine Modellbezeichnung von Volkswagen, bedeutet im italienischen „Furz".

Pajero heißt Mitsubishis SUV und bedeutet auf Spanisch «Wichser».

In Spanien ist Moco der «Rotz», bei Nissan ein Kleinwagen.

Der MR2 von Toyota wird in Frankreich wie «merde» ausgesprochen, was übersetzt obszön «Scheiße» bedeutet.

## In Spanien spricht man Niva gleich wie «ni va» aus, was «geht nicht» bedeutet. Bei diesem Lada Modell vielleicht nicht einmal so falsch.

Kuga bedeutet auf Serbokroatisch «Pest».

GM tauft seine Limousine LaCrosse, was auf Französisch «Onanieren» bedeutet.

## Matiz heißt der kleine Chevrolet. Der Türke betitelt so einen «Säufer».

Mercedes Vaneo wird mit dem gleichnamigen Klopapier assoziiert.

Fiat Uno bezeichnet im Finnischen einen «Trottel».

Audi TT Coupé wird auf Französisch „tete coupé" ausgesprochen und bedeutet übersetzt „abgetrennter Kopf".

Der in den 1970igern gefertigte Ford mit der Bezeichnung Pinto sorgte in Portugal für Heiterkeit – „pinto" bezeichnet man dort einen Feigling oder einen kurzer Penis.

**Beruf**

# Im Bahrain darf ein männlicher Arzt die Genitalien einer Frau untersuchen, aber es ist verboten sie direkt anzusehen.

Eine britische Studie fand heraus, dass bei Weihnachtsfeiern 25% der Belegschaft im Suff eine Gehaltserhöhung fordern, 9% kündigen und 33% sich prügeln.

Dolly Buster arbeitete vor Ihrer Karriere als Pornostar als Übersetzerin für den Bundesgrenzschutz.

Jeder sechste Internist in Deutschland wurde schon einmal von einem aufgebrachten Patienten verprügelt.

Peter Becker wurde zum Weltpräsident der neuen Internationalen Union der Bäcker und Konditoren gewählt.

Gondoliere singen nicht selbst, für den Belcanto ist ein eigens zu engagierender Sänger mit an Bord.

Der einzige europäische "Lehrfriedhof" befindet sich im Unterfränkischen Münnerstadt. Dort ist auch das Ausbildungszentrum des "Bundesverbands Deutscher Bestatter" angesiedelt, dass die Fortbildungen der Branche organisiert.

# Das Sprengen eines Hauses ist zehnmal günstiger als der normale Abriss.

UPS-Paketboten dürfen in den USA aus Zeit- und Kostengründen nicht links abbiegen. Stattdessen werden sie angewiesen rechts ranzufahren und falls nötig über die Straße zu laufen.

In Waterloo, eine Stadt im US-Bundesstaat Nebraska, dürfen Friseure ihre Kunden zwischen 7 und 19 Uhr nicht anschreien.

Rein statistisch gesehen, leben im Vatikanstaat 2,27 Päpste pro qkm$^2$.

Als Bananenreifer wird ein Beruf bezeichnet, der sich mit der Überwachung und Steuerung des Reifeprozesses von grün geernteten und verschifften Bananen im Zielland befasst.

75% der deutschen Gynäkologen sind männlich.

Streicher in Playback-Orchestern streichen ihre Instrumente mit Fett ein, damit sie keinen Ton von sich geben.

In Deutschland gab es – je nach Gebiet - bis weit nach 1850 den Beruf des Fast- und Schwarzbäckers. Gemeint war hier ein Bäcker, der nur dunkle Roggenbrote backen durfte.

Statistisch passieren die meisten Arbeitsunfälle am Montag.

An den fruchtbaren Tagen verdienen Stripteasetänzerinnen besser.

Architektur war zwischen 1912 und 1948 eine olympische Disziplin.

Die durchschnittliche Geschäftsreise in Deutschland dauert 2,2 Tage.

Der durchschnittliche Angestellte lästert vier Stunden über seine Vorgesetzten.

## Sehr interessante Tätigkeitsbezeichnungen hat auch die Agentur für Arbeit in deren Verzeichnis zu bieten. So gibt es unter anderem die Berufe:

| | | |
|---|---|---|
| Abstürzer | Abstecher | Darmbläser |
| Absatzschwabbler | Ährenmacher | Morgenfrau |
| Ameiseneiersammler | Aufreißer | Anschläger |
| Augenausschneider | Augeneinsetzer | Bekohler |
| Berauber | Besamungstechniker | Ei-Erleuchter |
| Gummistrumpfstricker | Fertigmacher | Schneckenwärter |

# Fernsehen

Das erste T-Shirt mit einem Werbeaufdruck gab es 1939 für den Film »The Wizard of Oz«.

Bud Spencer wurde italienischer Meister im Brustschwimmen und über 100 Meter Freistil, er schwamm am 19. September 1950 als erster Italiener unter einer Minute.

Clemens Wilmenrod war ab 1953 der erste deutsche Fernsehkoch und gilt als Erfinder des Toast Hawaii.

Fritz Lang erfand 1929 für den Streifen „Frau im Mond" den Countdown, gezählt wurde natürlich deutsch und mit Texttafeln, denn es waren die letzten Tage des Stummfilms.

Sobald Streichinstrumenten im Fernsehen zu sehen sind, sinken die Einschaltquoten.

"Psycho" war der erste US-Film, in dem eine Toilettenspülung betätigt wurde.

## Der Produktionstitel von „Scary Movie" war „Scream".

Weil er dem RAF-Mitglied Christian Klar zum Verwechseln ähnlich sah, ist ZDF-Moderator Rudi Cerne 1978 am Düsseldorfer Flughafen als Terrorist verhaftet worden.

Den ersten Oscar für die beste männliche Hauptrolle erhielt 1920 der deutsche Schauspieler Emil Jannings.

Die bekannte schwedische Kinderfilmreihe „Michael aus Lönneberga" heißt im Original „Emil". In Deutschland wurde dieser Name aber schon von „Emil und Detektive" verwendet.

Der US-Soldat John Rambo starb im Jahr 1969 in Vietnam.

Laurel und Hardy drehten viele ihrer Filme in fünf Sprachen. Die Fremdsprachen lasen sie von Tafeln ab.

Richard Geres zweiter Vorname ist Tiffany.

# Die französische Schauspielerin Sarah Bernhardt legte sich zum Textlernen in einen Sarg. Dort empfing sie auch ihre Liebhaber.

Wenn man den Film „Der Weiße Hai" rückwärts ansieht handelt er von einem Hai, der so lange Menschen ausspuckt, bis sie eine Strandbar eröffnen.

Der erste 3D-Softporno „Sex & Zen" spielte am Premierentag mehr ein als Avatar.

# „I Puffi" heißten die Schlümpfe in Italien.

Idefix trägt in England die Bezeichnung Dogmatix.

Die Eltern von Simpsons-Erfinder Matt Groening heißen Homer und Margaret, seine jüngeren Schwestern Lisa und Maggie, sein Großvater Abraham.

Der Geburtsname des französischen Schauspielers Jean Reno ist Juan Moreno y Jederique Jimenez.

## Sky du Mont heißt mit bürgerlichen Namen Caetano Bremme Gaspar Neven DuMont.

Der längste Kuss in einem Film war in „You´re In The Army Now" zu sehen. Jane Wyman und Rigis Toomey küssten sich 3 Minuten und 22 Sekunden.

## Miss Monneypenny die Sekretärin von "M" aus den James Bond Filmen von 1995-2002 heißt im wirklichen Leben Samantha Bond.

Inspektor Columbo ist eigentlich in jeder Folge der Hauptschuldige – zumindest wenn man sich die Serie rückwärts ansieht. Er treibt die Leute so lange in den Wahnsinn bis sie einen Mord begehen.

Bugs Bunnys Synchronstimme, Mel Blanc (* 30. Mai 1908; † 10. Juli 1989), hatte eine tiefe Abneigung gegen Karotten.

James Dean war bei dem Filmdreh zu „Denn sie wissen nicht, was sie tun" an Malaria erkrankt.

Im Film „E.T." (1982) von Steven Spielberg wurden die Geräusche, die E.T. beim Laufen macht, durch zerdrücken von Götterspeise erzeugt.

## Die Kugeln die für die Lottoziehung genutzt wurden, sind handelsübliche, bemalte Tischtennisbälle, so die ARD!

Howard Carpendale war an der Komposition der Titelmusik für „Pumuckl" beteiligt.

**D**ie Serie „Verliebt in Berlin" sollte ursprünglich "**A**lles **n**ur **a**us **L**iebe" heißen. Aber dann fiel Sat.1 auf, dass die Fans von Soaps und Serien die Titel gerne abkürzen, wie bei "GZSZ", was in diesem Fall nicht ganz so erwünscht gewesen wäre.

**D**ie Münchener Tatortkommissare wurden noch niemals befördert, trotz hervorragender Aufklärungsquote.

**D**ie Schrittfolge des Sirtaki wurde erstmals 1964 zur Filmmusik von Mikis Theodorakis für den Film „Alexis Sorbas" getanzt. Er ist somit kein ursprünglich griechischer Volkstanz.

**S**ean Connery spielte den Vater von Indiana Johnes, obwohl der Altersunterschied zu Harrison Ford lediglich 12 Jahre beträgt.

**I**n der bis 1978 abgespielten Tatort-Melodie, war Udo Lindenberg als Schlagzeuger zu hören.

**J**ohn Travolta kann sich keine fünf Sätze merken. Deshalb stehen am Set immer mehrere Monitore, auf denen er seinen Text ablesen kann, ohne dass das jemand im Film bemerkt.

**H**auptdarsteller bekommen fast immer nur einen Streifschuss, der nicht tödlich ist - die sogenannte 'Heldenschmarre'!

**I**n annähernd allen Fernsehproduktionen ist immer Kaffee in der Kaffeemaschine eines Polizeireviers.

**A**lle amerikanischen Telefonnummern in Filmen beginnen mit 555.

**D**aniel Radcliffe zerstörte während der Dreharbeiten zu den „Harry Potter"-Filmen insgesamt 80 „Zauberstäbe".

**P**umbaa aus „Der König der Löwen" war der erste Charakter in einem Disney Film, der furzte.

1976 heiratete eine Frau aus Los Angeles einen 25 kg schweren Felsen.

Anne Boleyn, die Mutter von Queen Elizabeth I., hatte drei Brüste.

**Die beiden höchsten IQs, die je nach Standardtests ermittelt wurden, gehören Frauen. Der höchste Intelligenzquotient betrug je nach Test zwischen 167+ und 228 und wurde von Marilyn vos Savants erreicht.**

Frauenrechtsgruppen in Kanada setzten durch, dass es seit 1991 dort keine Misswahlen mehr gibt.

Lediglich 5% der Gefangenen in Deutschland und Österreich sind weiblich. In den Vereinigten Staaten sind es 7%.

50% der Frauen packen für einen 14tägigen Urlaub etwa 50 Kleidungsstücke ein.

34% der Frauen in Chile rauchen – im Iran sind es lediglich zwei Prozent.

„Hottentotten" ist ein Begriff der von Ethnologen des 19. Jahrhunderts stammte, es handelte sich um ungewöhnlich vergrößerte innere Schamlippen, die deutlich sichtbar über die äußeren Schamlippen hinausragten. Im Zusammenhang mit den Berichten wurde in der ethnologischen Literatur der ersten Hälfte des 19. Jahrhunderts der Begriff „Hottentottenschürze" zur Bezeichnung auffallend großer weiblicher Genitalien geprägt.

Trägt eine Frau an ihrem Dirndl die Schleife links, so ist es das Zeichen, dass sie noch nicht vergeben ist.

# Frauen haben durchschnittlich 12,4 Liebhaber, bis sie die große Liebe finden.

Frauen weinen fünfmal so oft wie Männer, meistens in der Zeit zwischen 19 und 22 Uhr.

Frauen kleiden sich an fruchtbaren Tagen modischer und freizügiger.

Das Wort Vanille wurde von Vagina abgeleitet.

# 4 Zentimeter misst die Brust der Frau heute mehr, als im Jahr 1983.

Die Mona Lisa hat keine Augenbrauen.

# 0,635 Zentimeter wachsen durchschnittlich die Beinhaare der Frau im Monat. Im Sommer jedoch etwas schneller.

5,4 Prozent der russischen Frauen lassen einmal im Jahr eine Abtreibung vornehmen.

Die bekanntesten Vorläufer der Plateauschuhe sind die Zoccoli im Venedig des 15. Jahrhunderts. Die Absätze waren bis zu 20 Zentimeter hoch.

Wissenschaftler haben bei Frauen mit künstlich vergrößerten Brüsten eine Verdreifachung des Selbstmordrisikos festgestellt.

Heidi Klum nennt ihre Brüste Hans und Franz.

# 80% der 18- bis 30-Jährigen Frauen in Deutschland rasieren sich.

Der Weltrekord im Öffnen von BHs mit einer Hand liegt bei 56 Exemplaren in einer Minute und wurde von Thomas Vogel aufgestellt.

Frauen blinzeln nahezu doppelt so häufig wie Männer.

Im US-Bundesstaat Idaho ist es Männern gesetzlich untersagt, einer Frau eine Kiste mit Süßigkeiten zu überreichen, die weniger als 22,7 kg wiegt.

## Wäre Barbie lebensgroß, so hätte sie die Maße: 100-59-84.

Brustwarzen- und andere Piercingformen sind keine neue Modeerscheinung, bereits im späten 19. Jahrhundert trugen die Damen Ringe an intimen Stellen.

Der Begriff Luder hat seinen Ursprung in der Jägersprache. Dabei handelt es sich speziell um ein totes Tier. Dieses wird schließlich zum Anlocken von Raubtieren eingesetzt, indem es an dem sogenannten Luderplatz positioniert wird.

Mollige Frauen werden von hungrigen Männern attraktiver empfunden als von satten Männern.

Damenfußball war seitens des Deutschen Fußball Bundes von 1955 bis 1970 verboten.

**Eine Frau verbringt mindestens zwei Jahre ihres Lebens vor dem Spiegel.**

Um 60% höher, liegt die Selbstmordrate bei Medizinerinnen als bei Frauen anderer Berufsgruppen.

In Carrizoro im US-Bundesstaat New Mexiko ist es Frauen per Gesetz verboten, sich unrasiert in der Öffentlichkeit sehen zu lassen. Dies gilt sowohl für Beine als auch für das Gesicht.

Die Mehrheit der Frauen hat sich zwischen dem 11. und 13. Lebensjahr zum ersten Mal rasiert, die meisten Männer erst mit 14 oder 15 Jahren.

Die ersten BH´s trugen die Wikinger Frauen.

Frauen essen in nahezu allen Kulturen weniger Fleisch als Männer.

Als die deutschen Fußballerinnen 1989 zum ersten Mal den EM-Titel gewannen, durften sie als Amateure keine finanzielle Prämie bekommen. Der Deutsche Fußball-Bund (DFB) schenkte ihnen stattdessen ein Kaffeeservice mit blauen, gelben und roten Blümchen drauf, 41 Teile insgesamt, es handelte sich um die Produktlinie "Mariposa" von Villeroy & Boch.

Blondinen haben mehr Haare als Menschen mit einer dunklen Haarfarbe.

# Geographie

**Die kleinste Hauptstadt der Welt ist Ngerulmud und liegt in der Republik Palau. Sie hat etwa 390 Einwohner.**

Ein kanadisches Gesetz verbietet, dass sich zwei verschiedene Schiffe in einem Gewässer zur selben Zeit an der gleichen Position befinden.

In Papua-Neuguinea spricht man 700 verschiedene Sprachen aus 14 verschiedenen Sprachgruppen.

Parmesankäse ist das meist geklaute Produkt in italienischen Supermärkten. 10% der Käsestücken verschwindet.

Die schnellste Achterbahn der Welt befindet sich in der Ferrari World in Abu Dhabi. Sie heißt Formula Rossa und erreicht eine Geschwindigkeit von 240 km/h.

In **Ägypten** grüßt man einander mit einem Satz, der übersetzt „**Wie schwitzt du**?" bedeutet.

Das kleinste Buch der Welt ist 0,3 mal 1 Millimeter „groß" und enthält die sechs Strophen der peruanischen Nationalhymne.

Ein Kronkorken hat in den USA 23 Zähne, in Deutschland nur 21.

Aprilscherze werden in Spanien am 28. Dezember gemacht.

Auf Deutschlands einziger Hochseeinsel Helgoland wird keine Mehrwertsteuer erhoben.

In Frankreich ist es untersagt, ein Schwein Napoleon zu nennen.

**Den Namen Gulasch gibt es in Ungarn nicht. Hier heißt das Gericht Pörkölt.**

Die Nationalhymne von Saudi-Arabien trägt den Titel »Asch al-Malik« (»Lang lebe unser geliebter König«).

Mexikaner tragen nur im Ausland Sombreros.

In Tokyo kostet eine Taxifahrt zum Flughafen 25.000 Yen – umgerechnet etwa 180 Euro.

Hamburg hat mit 2.500 die meisten Brücken aller europäischen Städte.

11.000 Höhlen gibt es in Deutschland.

**Annähernd jede 5. Pauschalreise zieht eine Beschwerde nach sich.**

Ausgemusterte Geldscheine werden in Deutschland in genau 800 Schnipsel gehäckselt.

»Noch ist Polen nicht verloren« ist der erste Satz der polnischen Nationalhymne.

Die beiden Türme der Münchner Frauenkirche sind unterschiedlich hoch, der Südturm ist um zwölf Zentimeter kürzer.

**Mit 30 Millionen** Besuchern pro Jahr ist Las Vegas der meistbesuchte Ort der Welt.

Der Titel des Liedes »Guantanamera« bedeutet »Frau aus Guantanamo«. Den Text schrieb ein kubanischer Freiheitskämpfer.

Unter dem Bullerbü-Syndrom wird ein bei Deutschen vorhandenes idealisiertes und klischeehaftes Bild Schwedens verstanden.

Die Finnen haben den höchsten Pro-Kopf-Verbrauch an Speiseeis in Europa.

In Schweden wurde der Buchstabe W erst im Jahr 2006 in das Wörterbuch aufgenommen.

**In den USA gibt es keine gesetzliche Amtssprache.**

Der Atlantik ist salziger als der Pazifik.

Der Eifelturm ist bei Kälte 15 Zentimeter kleiner.

In der angelsächsischen Tradition gilt der Personalausweis als bürgerfeindliches Instrument polizeistaatlicher Überwachung. Daher haben die Bürger Großbritanniens und Amerikas keinen Personalausweis.

Nachdem 1967 der australische Premierminister Harold Holt beim Baden ertrank, wurde ein Schwimmbad in Melbourne nach ihn benannt.

In Singapur wird Kaugummi nur gegen Vorlage eines Ausweises verkauft.

**Mit 828 Metern** ist das höchste Bauwerk der Welt, der Wolkenkratzer Burj Khalifa in Dubai.

Mit rund 30.000 Tonnen Fisch ist der Frankfurter Flughafen der größte Fischereihafen Deutschlands.

New York und Neapel liegen auf dem gleichen Breitengrad.

110.000 Menschen heiraten jährlich in Las Vegas. Darunter sind auch 3.800 Deutsche.

## Die Postleitzahl von Petting ist 83367.

Im Tower von London werden stets sechs Raben gehalten. Ein entsprechendes Gesetz erließ König Karl II., denn ein Hellseher hatte prophezeit, dass das Empire untergehen werde, wenn alle Raben den Tower verlassen.

Der kürzeste Linienflug der Welt, der gerade einmal 56 Sekunden dauert und eine Strecke 1500m zurücklegt, verbindet die Inseln Westray und Papa Westray. Ein einfacher Flug kostet 12 Pfund.

Kurzsichtigkeit kommt unter den Aborigines kaum vor.

Der Gruß „Moin" bedeutet nicht „Guten Morgen", sondern leitet sich aus dem niederländischen Wort „mooi" ab und heißt „schön".

Die traditionellen venezianischen Gondeln bestehen aus sieben verschiedenen Hölzern: Eiche, Nussbaum, Ulme, Lärche, Mahagoni, Tanne und Kirsche.

**Die am häufigsten gesprochene Sprache der Welt ist Putonghua.** Es handelt sich um eine standardisierte Form von Mandarin und ist die Amtssprach in China.

Mit 202080 Kilometern hat Kanada die Längste Küstenlinie der Welt.

Der Blue Lake in Neuseelands Nelson Lakes National Park ist mit einer Sichtweite von 76 Metern der klarste See der Welt.

In den Kasinos von Las Vegas gibt es keine Uhren.

**Der einzige Kontinent ohne Gletscher ist Australien.**

Ein Schweizer, der sein Grundwehrdienst geleistet hat, darf ein Sturmgewehr zu Hause aufbewahren.

In Aserbaidschan gibt es die „Auto Bild".

Der Inhalt einer Giftspritze bei der Hinrichtung in Texas kostet 86,06 US-Dollar.

In Sambia ist es verboten, Pygmäen zu fotografieren.

**321 Meter** ist der höchste Punkt der Niederlande. Es ist der Gipfel des Vaalserbergs.

Ein Gegenstand ist am Äquator um etwa 0,3 Prozent leichter als am Nordpol. Die Erddrehung erzeugt eine Zentrifugalkraft, die der Erdanziehung entgegenwirkt und uns nach außen treibt.

12,6% der Fläche Deutschlands sind bebaut. Pro Tag kommen 130 Hektar dazu.

Den Weltrekord-Ortsnamen hält ein neuseeländischer Berg mit dem einprägsamen Namen „Taumatawhakatanghangakoauauotamateaturipuka-kapikimaungaoronukupo-kaiwnenuakitanatahu", was übersetzt heißt: "Der Felsgipfel, den Tamatea, der Mann mit den dicken Knien, hinabglitt, als er auf einer Flöte seiner Geliebten vorspielte".

Auf den indischen Rubien-Scheinen sind 14 verschiedene Schriften zu sehen.

# Das rote Meer verdankt seinen Namen vermutlich einem Schreibfehler, in dem aus "Reed Sea" (Schilfmeer) Red Sea wurde.

Die Zahl der Badegäste auf Martha's Vineyard, wo "Der weiße Hai" spielt, stieg nach dem Erfolg des Films um zwei Drittel.

Panamahüte werden in Ecuador gefertigt.

Auf den Mount Everest verschiebt sich der Siedepunkt des Wassers von 100 °C auf nur 70 °C.

Bulgarien heißt übersetzt „Land der Vulgären". Die Bürger dort schütteln den Kopf, wenn sie ja meinen!

Franzosen essen im Durchschnitt 500 Schnecken im Jahr.

Der Klebstoff der israelischen Briefmarken ist koscher. Er enthält keine tierischen Inhaltsstoffe.

Die Staatsflagge der Dominikanischen Republik ist die einzige weltweit, die eine Bibel zeigt.

**Asiaten sind häufiger Seekrank als Europäer.**

Weißrussland ist das einzige Land in Europa und Zentralasien, welches noch die Todesstrafe anwendet.

Mit einem Umsatz von 140 Milliarden Euro und einem Profit von 100 Milliarden Euro pro Jahr ist die Mafia die größte Wirtschaftskraft in Italien.

Im hawaiianische Alphabet gibt es nur 12 Buchstaben.

Auf Schloss Heidelberg steht das größte Weinfass der Welt. Es fasst 222.000 Liter.

In der Stadt Enterprise, US-Bundesstaat Alabama, steht das einzige Denkmal der Welt für einen Pflanzenschädling. Der Rüsselkäfer vernichtete einst Baumwollplantagen und zwang die Farmer, endlich auf Mehrkulturen-Landwirtschaft umzusteigen.

Die griechische Nationalhymne, die auch die Nationalhymne Zyperns ist, besteht aus den ersten 24 Strophen eines ursprünglich 158 Strophen umfassenden Gedichts und ist damit eine der längsten. Bei offiziellen Anlässen erklingen lediglich die ersten zwei Strophen des Textes.

# In New York leben mehr Iren als in Dublin, mehr Italiener als in Rom und mehr Juden als in Tel Aviv.

Der Berliner Tiergarten ist größer als Monaco.

Das Jo-Jo war ursprünglich eine Waffe der Philippinen.

Kanada ist ein Indianerwort mit der Bedeutung "großes Dorf". Kanada ist aber größer als die USA.

In Alaska ist die Anzahl von Flugzeugen und Autos fast identisch.

Am Toten Meer ist die Wahrscheinlichkeit einen Sonnenbrand zu bekommen nur sehr gering. Da die Sonnenstrahlen am Toten Meer ca. 400 Meter zusätzlich durch die Atmosphäre gehen, wird mehr der schädlichen UV-B-Strahlung herausgefiltert, als auf Meereshöhe. Da es in der Regel auch sehr heiß ist, verdunstet auch viel Wasser. Die dadurch entstehende Dunstglocke filtert zusätzlich die Sonnenstrahlung.

Die Vierteldollarmünze (Quarter) hat 119 Rillen im Rand.

Die Kakerlaken im Himalaya ernähren sich von durch den Wind angewehten, erfrorenen Kleinstlebewesen.

# In Südafrika gibt es 11 Landessprachen.

In Großbritannien sind ausgestellte Strafmandate wegen falschen Parkens nur dann gültig, wenn der Aussteller dabei eine Uniformmütze trägt.

Los Angeles ist die Abkürzung für El Pueblo Nuestra Senora la Reina de los Angeles de Porciuncula.

Jeder 3400ste Amerikaner ist ein Elvis-Imitator.

Wenn etwas »unter aller Sau« ist, ist mit Sau eigentlich das jiddische Wort »seo« gemeint, was so viel wie Maßstab heißt.

Im US-Bundesstaat Iowa dürfen Küsse maximal fünf Minuten dauern.

## Die arabischen Ziffern haben ihren Ursprung in Indien.

75 % aller Norweger leben weniger als 15 km vom Meer entfernt.

In den USA werden jährlich ca. 31 Millionen Dollar »Social Security Benefits« (Sozialleistungen) an bereits verstorbene Personen ausgezahlt.

## Die Entfernung von Biere nach Kotzen beträgt 130 km. Beide Orte liegen in Deutschland.

Der kürzeste Weg von Kissing über Petting und Blasen nach Fucking beträgt 403km.

In der Sprache der Eskimos gibt es kein Wort für »Kopfschmerzen«.

## Im Sudan gibt es mehr Pyramiden als in Ägypten.

Wer kennt nicht den Ausspruch »Suchst du Streit?« Zu finden ist der Ort mit dem Namen »Streit« in Unterfranken nähe Erlenbach.

In der Region Uecker-Radow ist kein Mensch mit dem Nachnamen Meyer/Meier im Telefonbuch zu finden, dies ist die einzige Region Deutschlands, in der das der Fall ist.

Europa ist der einzige Kontinent, der mit "E" beginnt, alle anderen fangen mit "A" an: Amerika, Asien, Afrika, Australien.

## Als die USA, Russland Alaska abgekauft haben, zahlten sie einen Quadratmeterpreis von 0,0004 Cent.

Auf den Bahamas ist weltweit die höchste Mordrate. Auf 100.000 Einwohner, kommen 52,6 Morde.

Monaco ist eines der wenigen Länder der Erde die keine Armee, im Sinne von Kampftruppe haben. Für die Verteidigung ist im Ernstfall Frankreich zuständig.

Unser Planet Erde wiegt etwa 5,9 Tausend Trillionen Tonnen. Diese Zahl hat 24 Nullen.

Die andalusische Desierto de Tabernas ist die einzige Sandwüste Europas.

In einigen Teilen Afrikas sagen die Menschen "Wach auf ins Leben" statt "Gute Nacht".

## Der Pazifik ist flächenmäßig größer als alle Landflächen zusammen.

Der jamaikanische Gesetzgeber kennt keine Promillegrenze für Autofahrer. Es ist also völlig legal sich betrunken ans Steuer zu setzen.

630.000 der insgesamt über 1 Million Einwohner Kölns, wohnen und leben auf der linken Seite des Rheins.

Mexiko City versinkt pro Jahr um etwa ¼ Meter.

In Großheubach in Unterfranken, liegt der Berg "Busig". Warum dieser so benannt wurde kann sich keiner erklären!

**In der McMurdo Station in der Antarktis gibt es einen Geldautomaten. Im Winter wird er von 200 Menschen genutzt.**

In Kanada, bekannt für Eishockey, Ahornsirup und Unmengen an Schnee, liegt der nördlichste Regenwald der Welt. Um genau zu sein, auf Vancouver Island.

Niederlande und Holland sind nicht das Gleiche. Denn Holland ist lediglich ein Teil der Niederlande, beispielsweise wie ein Bundesland in Deutschland. Nord- und Südholland sind Provinzen der Niederlande.

**Monaco ist zwar nur 2 km² groß, hat aber Weltweit die höchste Bevölkerungsdichte von 16.500 Einwohnern pro km².**

In Finnland gibt es Schneedeponien. Der gesammelte Schnee wird später in die Ostsee gekippt.

**Türken essen doppelt so viel Joghurt wie Deutsche.**

In London fällt weniger Regen als in Rom.

Die meisten Milliardäre der Welt leben in Moskau.

**Eskimos benutzen Kühlschränke, damit die Lebensmittel nicht einfrieren.**

In Frankreich heißt Zuckerwatte „barbe á papa", was übersetzt heißt: „Bart des Vaters".

# Gesetze

Ein Gesetz im US-Bundesstaat Guernee verbietet Frauen mit mehr als 100 kg Lebendgewicht, in Shorts auf Pferden zu reiten.

Als „unrechtmäßige Besitzumstrukturierung" bezeichnet man im Behördendeutsch „Diebstahl". Mit „gleichhelles Unbunt" ist die Farbe „Weiß" gemeint.

Im US-Bundesstaat Northcarolina ist die Masturbation gesetzlich verboten. Weiterhin ist es Unverheirateten dort verboten, vor der Ehe Geschlechtsverkehr auszuüben oder gemeinsam in einer Wohnung zu leben.

Gemäß einem Gesetz in Nebraska darf eine Mutter ihrer Tochter ohne eine staatliche Lizenz keine Dauerwelle machen.

## Urinieren in der Öffentlichkeit kann mit 20 bis 100 Euro bestraft werden.

In Arkansas darf ein Ehemann nach einem Gesetz seine Frau schlagen, allerdings nicht öfter als einmal im Monat.

In Texas ist es untersagt fremde Kühe mit Graffiti anzusprühen.

100 Euro Bußgeld bezahlt man in Bad Kissingen, wenn man auf den Bürgersteig spuckt.

## In Norwegen hat jede Kuh per Gesetz das Anrecht auf eine Matratze zur Nachtruhe.

Der Freistaat Bayern hat dem Grundgesetz bis heute nicht zugestimmt.

Wer auf einer öffentlichen Feier in den USA 'Happy Birthday to you' singt, macht sich strafbar. Das Lied ist von Time Warner bis 2030 urheberechtlich geschützt wurden.

Im kalifornischen Prunedale ist gesetzlich festgelegt, dass nicht mehr als eine Badewanne pro Gebäude installiert werden darf.

## Beamtenbeleidigung gibt es im deutschen Strafrecht nicht.

Gegen das Gesetz verstößt, wer in Delaware in einem Flugzeug schnarcht.

In Ottumwa, im US-Bundesstaat Iowa ist es jeder männlichen Person untersagt, innerhalb der Stadtgrenzen einer ihm unbekannten Frau zuzuwinken.

## Chinesen, die nicht miteinander verheiratet sind, dürfen per Gesetz nicht zusammen leben.

Ein Händler muss nicht mehr als 50 Münzen auf einmal beim Bezahlen annehmen.

Der Krieg zwischen Großbritannien und Sansibar wurde zwischen 9.00 und 9.38 Uhr des 27. August 1896 geführt. Er dauerte nur 38 Minuten und gilt als kürzester Krieg der Weltgeschichte. Auf britischer Seite forderte er kein Opfer, auf sansibarischer etwa 300 Tote und 200 Verletzte.

## Auf den Flughafengelände von Kingsville, Texas ist **Schweinen** der Geschlechtsverkehr gesetzlich untersagt.

In West Virginia darf ein Mann seine eigene Cousine nur dann heiraten, wenn sie noch nicht 55 Jahre alt ist.

In Saratoga, Florida ist es illegal, in einem Badeanzug in der Öffentlichkeit zu singen.

In Brockton, Massachusetts müssen die Bürger eine Lizenz beantragen, um eine Schneiderei betreten zu dürfen.

Ein Gesetz in Clinton, Oklahoma verbietet das Masturbieren, wenn man ein Pärchen beim Sex im Auto beobachtet.

## In Baldwin Park, Kalifornien verstößt das Fahrradfahren in einem Swimmingpool gegen das Gesetz.

In Hartford, Connecticut, ist es Männern verboten ihre Frauen sonntags zu küssen.

Ohne Begleitung seiner Frau darf in Kentucky kein Mann einen Hut käuflich erwerben.

## In Tulsa, Oklahoma darf eine Mineralwasserflasche nur unter Aufsicht eines staatlich geprüften Ingenieurs geöffnet werden.

In Harrisburg, Pennsylvania ist es gesetzlich untersagt, in einem Zollhäuschen mit einem Fernfahrer der Liebe nachzugehen.

In Minnesota verbietet ein Gesetz, männliche und weibliche Unterwäsche nebeneinander auf eine Wäscheleine zu hängen.

In Florida wird man bestraft, wenn man an einem Donnerstag nach 18 Uhr in aller Öffentlichkeit einen Furz entweichen lässt.

## Ehefrauen, die ihren Mann erschießen, haben nach einer Entscheidung des Bundessozialgerichts keinen Anspruch auf Witwenrente.

In Brawley, USA wurde eine Resolution verabschiedet, welche Schnee innerhalb der Stadtgrenzen verbietet.

Betrunkene Eigentümer einer Kuh können in Schottland verhaftet werden.

In ganz Kalifornien ist die Entenjagt vom Flugzeug aus verboten.

In Detroit macht man sich strafbar, wenn man ein Krokodil an einen Hydranten bindet.

In Florida ist es verboten, mit einem Stachelschwein sexuell zu verkehren.

In New York können Selbstmörder, die vom Dach eines Gebäudes springen, zum Tode verurteilt werden.

**Im Jahr 2004 hörte die deutsche Polizei 29.017 Telefonate ab. Im Jahr 2012 waren es schon 1.500.000.**

Ein altes tasmanisches Gesetz verlangte von Witwen, den abgeschnittenen Penis ihres Mannes als Kette um den Hals zu tragen.

In Fairbanks (Alaska) ist es Elchen per Gesetz untersagt, auf den Bürgersteigen der Stadt der geschlechtlichen Liebe nachzugehen.

Mit bis zu 25 Jahren Haft muss rechnen, wer im US-Bundesstaat Arizona einen Kaktus fällt.

**Das Anschauen von Sexfilmen in israelischen Hotels ist strafbar. Wer erwischt wird, kann bis zu drei Jahre im Gefängnis landen.**

# In **Frankreich** ist das **Küssen** in Eisenbahnen **verboten**.

In Pensacola, Florida ist es strafbar, weniger als 10 Dollar bei sich zu führen.

In Tuscon, Arizona ist es Frauen per Verordnung verboten Unterhosen zu tragen.

Im Bundesstaat Washington ist es gesetzlich untersagt mit einer Jungfrau Sex zu haben. Das Gesetz gilt auch in der Hochzeitsnacht!

2001 wurde in North Carolina ein Gesetz verabschiedet, wonach es verboten ist, in Gegenwart einer Leiche laut zu fluchen.

## Laut einem Gesetz in Uruguay dürfen sich zwei Leute duellieren, sofern beide Blutspender sind.

2005 erließ der Bürgermeister der Stadt Biritiba-Mirim in Brasilien ein Sterbeverbot für seine Bürger. Grund: Der Stadtfriedhof litt an akutem Platzmangel.

Jedes Londoner Taxi müsste laut Gesetz einen Heuballen im Kofferraum mit sich führen. Ein altes Gesetz aus der Zeit wo die Taxen noch von Pferden gezogen wurden schreibt dies vor. Allerdings kontrolliert die Londoner Polizei das schon seit Jahren nicht mehr. Zudem wäre dann auch nicht mehr genug Platz im Kofferraum für das Gepäck und der Motor benötigt ja das Heu nicht.

In Alabama kann man mit der Todesstrafe bestraft werden, wenn man Salz auf Eisenbahnschienen streut.

Im US-Bundesstaat, Utah ist der Ehemann für jedes kriminelle Vergehen seiner Ehefrau verantwortlich, welches sie in seinem Beisein begeht.

Im US-Bundesstaat Kansas gilt man als **nüchtern**, solange man noch **aufrecht stehen** kann.

Gemäß §27, Abs. 6 der Straßenverkehrsordnung ist es untersagt, über Brücken zu marschieren. Durch die Schwingungen, die dabei erzeugt werden, könnte die Brücke zerstört werden.

Im US-Bundesstaat Michigan ist das Haar der Frau rechtmäßiges Eigentum ihres Ehemanns.

**In Florida ist es ein Verbrechen, nackt zu duschen.**

In England ist es erlaubt betrunken Rad zu fahren, aber das Reiten eines Pferdes ist verboten.

Im deutschen Abfallrecht gibt es weit über 10.000 Regelungen.

Die Reform des Hufbeschlaggesetzes von 1940 wurde 2006 vom Bundestag mit einem Papieraufkommen von etwa 20.000 Blatt vollzogen.

## ... das Europäische Parlament und deren eigenwilligen Gesetze:

Der europäische Bauer darf sich nicht auf jeden beliebigen Traktorsitz setzen. Eine EU-Norm bestimmt, wie genau dieser auszusehen hat. Dabei wird die Beschaffenheit des Sitzes bis ins kleinste Detail beschrieben.

Laut EU-Norm muss eine **Banane** mindestens 14 Zentimeter lang und 27 Millimeter dick sein.

"Leitern sind so aufzustellen, dass sie während der Benutzung standsicher sind." Ein bemerkenswerter Ratschlag, der nicht extra als Regelung niedergeschrieben werden muss - sollte man meinen. Der europäische Rat geht aber auf Nummer sicher und hält diesen Satz in einer Richtlinie für die Benutzung von Arbeitsmitteln bei der Arbeit fest.

Die Europäische Union legt im Jahr 1996 eine Größenordnung für Kondome fest. Die Länge soll dabei nicht weniger als 16 cm betragen. Besonders skurril: Ein Kondom muss unbedingt fünf Liter Flüssigkeit aufnehmen können.

Mecklenburg-Vorpommern, Hamburg, Bremen und Berlin verabschiedeten im Jahr 2000 ein Seilbahn-Gesetz. Zwar betreibt aufgrund der flachen Topographie keines dieser Bundesländer eine Seilbahn - sollte aber eines Tages eine in Betrieb gehen, gibt es dank Brüssel auch in diesen Ländern ein solches Gesetz.

Im Januar 2009 stand in Brüssel eine schwerwiegende Frage im Raum: Wie viel Salz darf im Brot sein? Zum Glück konnte sich die EU entscheiden: Auf 100 Gramm Mehl fällt jetzt ein Gramm Salz an.

Die EU-Kommission macht sich so große Sorgen um den europäischen Nachwuchs, dass sie in einer sogenannten "Schnullerkettenverordnung" festgelegt hat, wie lang die Schlaufe vom Schnuller bis zum Clip sein darf - und zwar nicht länger als 22 Zentimeter, sonst droht dem Regelwerk zufolge Strangulationsgefahr.

Rot, knackig und lecker - das reicht nicht, um ein "richtiger" europäischer Apfel zu sein. Auch für dieses Obst hat sich die EU eine Verordnung überlegt. So muss nach der Regelung ein Apfel einen Durchmesser von mindestens 60 mm haben.

Seit 2007 gilt per EU-Tierschutzvorschrift: Schweinen steht Spielzeug zu. Damit ist jetzt aber kein Teddybär oder ähnliches gemeint, sondern "manipulierbares Material" wie Stroh oder Heu, das dem Erkundungsverhalten des Schweines dienen soll.

# Geschichte

Der Räuber Schinderhannes wurde als erster Deutscher guillotiniert. Zur Hinrichtung im Jahr 1803 gab es sogar ein Programmheft.

**Das erste bekannte Verhütungsmittel war Krokodilmist. Er kam vor 2000 Jahren bei den alten Ägyptern zur Anwendung.**

Napoleon erfand die Kehrwoche.

Papiertaschentücher wurden im Ersten Weltkrieg als Filter für Gasmasken entwickelt.

**Im alten China wurden Ärzte nur bezahlt, wenn der Patient gesund wurde.**

In den USA werden jährlich 15.000 Exemplare des Buches „Mein Kampf" verkauft.

Das erste Gesamtdeutsche Unwort des Jahres 1991 war „Ausländerfrei".

Stalin wollte John Wayne erschießen lassen.

Im Logo der RAF war keine Kalaschnikow, sondern eine MP5-Pistole abgebildet.

**Das Handbuch für Mitarbeiter der US-Steuerbehörde enthält auch Hinweise zur Erhebung von Steuern nach einem Atomkrieg.**

Das Sandwich ist eine Erfindung der Römer. Sie nannten es „offula".

Der Karo-König im Skatblatt soll Julius Caesar darstellen, der Herz-König Karl den Großen.

In den 1920igern hatten Schaufensterpuppen zehn Zentimeter mehr Hüftumfang als heute.

Nachdem 1912 die Titanic unterging entstand 1913 der Nordatlantische Eiswarndienst.

Indianer waren ursprünglich Fußgänger. Erst die europäischen Eroberer brachten im 16. Jahrhundert wieder Pferde nach Amerika, wo sie längst ausgestorben waren.

Die Eis-Mumie „Ötzi" wird auch als „Frozen Fritz" bezeichnet.

Vor einhundert Jahren war ein Deutscher mit 26 Jahren ausgewachsen, heute bereits mit 18.

Die Flugzeugkollision eines B-25 Bombers mit dem 79. Stockwerk des Empire State Building war ein schweres Flugzeugunglück im Juli 1945. Als Ursache wird heute gesehen, dass der Pilot vermutlich im Nebel die Orientierung verlor.

# Der erste Döner Deutschlands wurde 1971 in Berlin verkauft.

Wenn man sagt "es zieht wie Hechtsuppe", meint man, dass ein starker Luftzug herrscht. Tatsächlich muss Hechtsuppe, wie Fischsuppe im Allgemeinen, lange ziehen. Einer anderen Hypothese zufolge hat die Redensart rein gar nichts mit der tatsächlichen Hechtsuppe zu tun. Der Jiddische Ausdruck hech supha bedeutet wie eine Windsbraut, d.h. wie ein Sturm.

# Als „Grilleta" bezeichnete man in der DDR den „Hamburger".

2 Liter Bier erhielt jeder Arbeiter beim Bau der Pyramiden Gizeh, Cheops, Chefren und Mykernios täglich zu trinken.

# Im Jahre 1913 kamen bei der Tour de France von 140 Startteilnehmern nur 25 ans Ziel.

Das längste Musikstück der Welt - eine John-Cage-Komposition – wird seit 2001 über einen Zeitraum von 639 Jahren aufgeführt.

Zwischen 235 und 285 nach Christus regierten mehr als 20 römische Kaiser von denen nur einer eines natürlichen Todes starb.

Der kleinste deutsche Geldschein hatte eine Fläche von 344,16 qmm, also etwa die Fläche eines 50 Pfennigstückes. Er wurde in Kassel während der Inflation von 1923 ausgegeben, war rund und bestand aus Pappe.

## Die ersten Parkuhren der Welt wurden 1935 in Oklahoma aufgestellt.

Die Symbole »+« (Addition) und »–« (Subtraktion) kamen 1489 in Gebrauch.

Das erste Dosenbier der Welt kam 1935 in Richmond, im US-Bundesstaat Virginia auf den Markt.

Seit 1998 gibt es im US-Bundesstaat Oregon nur noch die Briefwahl.

Das arabische Zahlensystem wurde 1202 in Europa eingeführt, aber das römische System wurde noch ca. 300 Jahre lang weiterverwendet.

Im November 1923, auf dem Gipfel der Inflation in Deutschland, war 1 US-Dollar 4.000.000.000.000 Mark (4 Billionen) wert.

Eine Leichenglocke sollte im 18. Und 19 Jahrhundert das düstere Schicksal eines möglichen Scheintoten im Sarg verhindern, mit ihr konnte der scheinbar Tote sich lautstark aus dem Schattenreich zurückmelden, eine dünne Strippe war an Finger und Beinen befestigt, die lief durch eine Röhre und bei geringer Bewegung läutete die Glocke.

Im 19. Jahrhundert warnten Wissenschaftler vor dem »**Fahrradgesicht**«: Fahrtwind könne das Gesicht verformen.

Amerikas erste "Eisenbahn" (1795) die auf Holzgleisen fuhr, war in Wirklichkeit eine Pferde-Tram in Boston im US-Bundesstaat Massachusetts.

Das Feuerzeug wurde vor dem Streichholz erfunden.

Die Araber benötigten sieben Jahre, um die Iberische Halbinsel zu erobern.

Jeder unserer Atemzüge enthält 5 Milliarden Moleküle, die Goethe zu seinen Lebzeiten geatmet hat. Und 6 Moleküle seines letzten Atemzugs.

Das Blut von Grashüpfern ist nicht rot, es ist weis. Menschen mit blasser Haut werden Blaublüter genannt, da im Mittelalter eine blasse Haut vornehm war und die Adern blau durch die Haut schimmerten.

Den Weihnachtsbaum in seiner heutigen Gestalt gab es erst zu Beginn des 17. Jahrhunderts, die Weihnachtskrippe dagegen bereits im 13. Jahrhundert.

Diese Redewendung „Alles in Butter." stammt aus der Zeit, wo man noch allerhand Waren mit der Kutsche transportieren mussten. Damals ging oft Glas zu Bruch, wenn man es transportierte, so wurde es in flüssige Butter eingelegt und lies die Butter erstarren, man konnte das Glas bequem und sicher transportieren. Wenn es angekommen war, verflüssigte man die Butter wieder. Mit der Zeit entstand diese Redewendung, im Sinne, ob alles in Ordnung ist.

# "Weltreise" und "Kreuzfahrt" waren im Duden der **DDR** nicht enthalten.

Eine Gottheit mit dem Namen "Furz" gab es wirklich – im alten Ägypten. Wofür sie ihn verehrten ist allerdings nicht überliefert.

Adam, laut Bibel der erste Mensch, wurde 930 Jahre alt.

Schutzpatron der Klo-Frauen und -Herren ist der Heilige Julius I.

Die erste abgeworfene Bombe der Alliierten im zweiten Weltkrieg tötete den einzigen Elefanten des Berliner Zoos.

Benedikt IX. (bürgerlicher Name: Theophylakt III. von Tusculum) wurde mit 12 Jahren jüngster Papst. Er war von 1032 bis 1048 mit einigen Unterbrechungen das Oberhaupt der katholischen Kirche.

Papst Gregor III. (Papst von 731 bis 741) verbot 732 das Essen von Pferdefleisch.

Die Titanic war 22,5 Knoten -41,6 km/h- schnell, als sie den Eisberg streifte.

Um 1400 war China größte Seemacht auf Erden, vor Venedig und Portugal.

Um männlichen Nachwuchs zu zeugen, war man im Frankreich des 18. Jahrhundert (1700 – 1799) davon überzeugt, es bestünde ein Zusammenhang damit sich den linken Hoden abzubinden.

Der Engländer John Spilsbury entwickelte 1763 das erste Puzzle, indem er eine Landkarte Großbritanniens auf ein Holzbrett klebte und im Anschluss zersägte, um seinen Schülern den Erdkundeunterricht zu erleichtern.

Viele Seefahrer trugen Augenklappen, da sie auf einem Auge blind waren. Sie hatten lange Zeit nur ein einfaches Winkelmessinstrument, mit dem sie in die Sonne peilen mussten. Dabei verbrannte ihre Netzhaut.

Charles Joseph Bonaparte ist Gründer des Vorläufers des heutigen F.B.I. (Feder Bureau of Investigation). Sein Großvater (Jérôme Bonaparte), war der jüngste Bruder des französischen Kaisers Napoleon I.

Schon **1935** kam das erste Dosenbier auf den Markt – als 1944 der 2. Weltkrieg ausbrach, wurde das Mineralium für Kriegszwecke benutzt und so teuer, dass es sich praktisch niemand mehr leisten konnte und man auf das Fass oder die Flache zurückgriff.

John F. Kennedy ließ von seinem Pressesprecher 1.200 Havanna-Zigarren besorgen, bevor er das Embargo gegen kubanische Produkte unterschrieb.

Der Ausdruck „Fisimatenten" stammt aus dem 16. Jahrhundert, als es die „visae patentes" gab. Dabei handelte es sich um Offizierspatente. Diese auszufertigen dauerte sehr lange und war sehr kompliziert.

Der „Anophtalmus hitleri" ist ein nach Adolf Hitler benannter Käfer. Er lebt in den Höhlen von Slowenien.

Der Kunstpupser Joseph Pujol war der Darmwindkönig von Paris. Er furzte Kinderlieder, Tierstimmen und Kanonendonner. Um 1900 wurde der pupsende Bäcker zum Superstar der Pariser Show-Welt. Sogar Könige kamen, um Joseph Pujols Hinterteil zu lauschen.

Bereits die Römer unterschieden bei der Herstellung der Schuhe zwischen rechten und linken Schuhen.

Kleopatra war keine Ägypterin, sondern griechischer Herkunft.

Im Mittelalter waren 25% der verbrannten Hexen Männer.

Die Mitteleuropäische Hochsommerzeit – auch „doppelte Sommerzeit" genannt – war eine spezielle Zeitzone in den Jahren 1945 und 1947 in Deutschland.

In den Gerichtsprozessen des Mittelalters rief der Ankläger „Zeter mordio" zu Beginn der Gerichtsverhandlung.

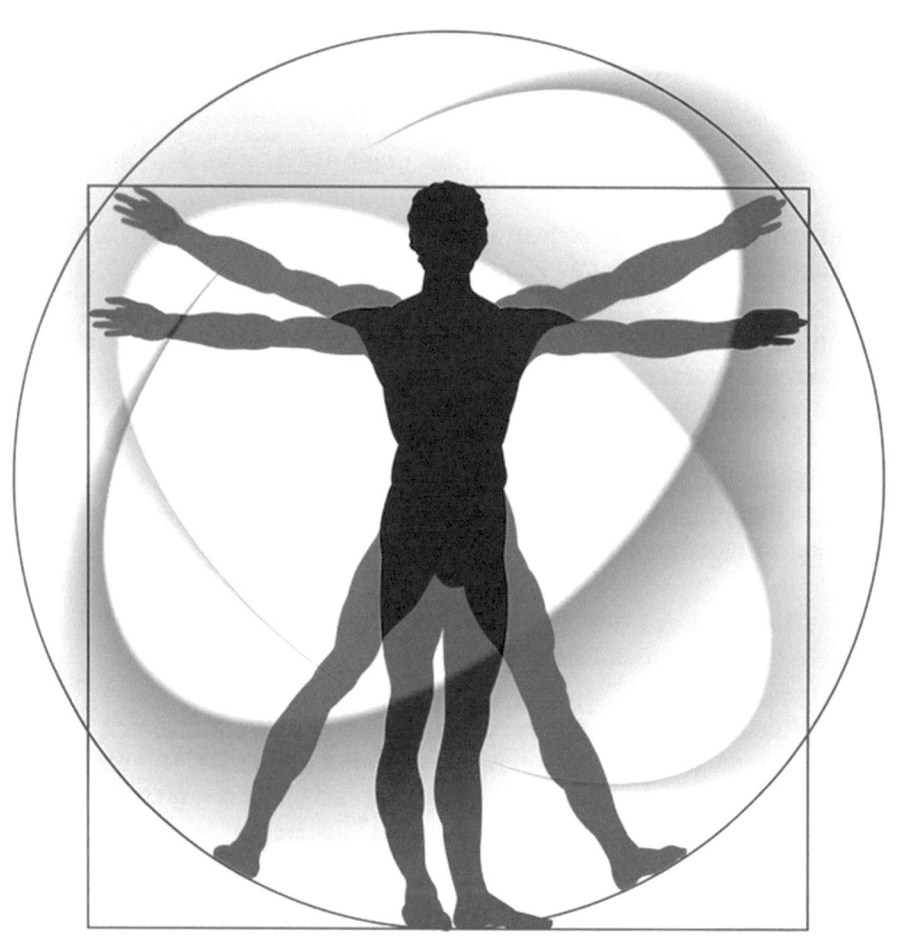

# Gesundheit

**I**m Durchschnitt **ersticken** 100 Menschen jährlich an Kugelschreibern.

**A**ls Philemaphobie bezeichnet man die Angst vor dem Küssen.

**D**ie Antibabypille sollte ursprünglich unfruchtbare Frauen fruchtbar machen.

**Z**ähneknirschen nennt man auch Bruxismus.

**S**tändiges Nägelkauen bezeichnet man als Onychophagie.

**S**eit 1962 gilt Italien als offiziell malariafrei.

9 Milligramm Rattenkot je Kilogramm Weizen sind in den USA erlaubt.

**D**ie abergläubische Angst vor der Zahl 13 nennt man Triskaidekaphobie.

**F**innland hat mit 21712 die meisten Krankenschwestern pro 100.000 Einwohner. Deutschland kommt auf 9508 und die USA nur auf 773. Schlusslicht ist Uganda mit 6.

**E**in menschlicher Körper produziert zirka 200 Milliarden rote Blutkörperchen am Tag.

**Botox** hilft gegen Migräne und Blasenschwäche.

**E**ine Cornflakes-Verpackung enthält mehr Nährstoffe als die Cornflakes selbst.

**H**exakosioihexekontahexaphobiker werden Menschen genannt, die Angst vor der Zahl 666 haben.

»Abrakadabra« war ursprünglich ein magisches Wort zur Bekämpfung von Heuschnupfen.

**1**901 wurde das erste Hörgerät entwickelt. Es wog 12 Kilogramm.

„Venustraphobie" nennt man die Angst vor besonders schönen Frauen.

## Die WHO strich erst im Jahr 1992 Homosexualität von der Liste der Krankheiten.

**D**as Capgras-Syndrom ist ein sehr seltenes Syndrom, bei dem der Betroffene glaubt, nahestehende Personen seien durch identisch aussehende Doppelgänger ersetzt worden.

## Bis in den 1920igern wurde Heroin als Husten- und Schmerzmittel vertrieben.

**N**ur Menschen und Affen haben einen Bauchnabel.

**D**ie saisonal abhängige Depression tritt in den nördlichen Regionen wie Finnland, Schweden, Norwegen oder Alaska bis zu fünfmal häufiger auf, als in südlichen Regionen.

**D**unkle Schokolade hat eine blutdrucksenkende Wirkung, weiße dagegen nicht.

**T**eebeutel bestehen in der Regel aus Blattfasern einer Bananenstaude.

**M**el Blanc, die amerikanische Synchronstimme von Bugs Bunny, war allergisch gegen Karotten.

**D**ie Hemmung beim Urinieren im öffentlichen WC bezeichnet man als Paruresis.

**4**0% der Herzinfarkte treten in der Zeit von 6 und 12 Uhr auf.

Mindestens einen halben Liter Schweiß verdunstet ein Mensch am Tag. Ein normalgewichtiger Sportler kommt auf bis zu 1,8 Liter pro Stunde, und im Berufsalltag, unter großer Hitze in den Arbeitsräumen, können über sechs Liter pro Tag verloren gehen.

Das Volk der Fore in Neuguinea hat sich im 20. Jahrhundert selbst dezimiert. Sie starben an der Lachkrankheit Kuru, die durch das Essen von Menschenfleisch übertragen wird.

## Schluckauf hat man schon im Mutterleib.

Das Wort "Müsli" entstand 1900 in der Schweiz als Verkleinerungsform von Mus: So nannte der Aargauer Arzt und Ernährungsreformer Maximilian Oskar Bircher-Brenner seinen Brei aus Getreideflocken, zerriebenem Apfel, Milch und Zitronensaft.

Denise Ann Darvall spendete 1967 das erste erfolgreich transplantierte Herz. Darvall wurde mit 24 Jahren Opfer eines schweren Verkehrsunfalls in Kapstadt. Sie wurde schwer verletzt im Krankenhaus behandelt, im Laufe des Tages wurde aber der Hirntod festgestellt. Ihr wurde daraufhin mit Einwilligung des Vaters das Herz entnommen und im Groote-Schur-Hospital dem Patienten Louis Washkansky eingesetzt. Die mehr als fünfstündige Operation verlief erfolgreich, Washkansky lebte 18 Tage mit dem Herz der jungen Frau, ehe er an einer Lungenentzündung verstarb. Das Herz selbst wird heute noch im damaligen OP ausgestellt.

## Viagra hält auch Blumen länger frisch.

Die Diabetesrate im Pine Ridge Reservat lag 2004 bei fast 55 %.

Magenknurren heißt im Medizinerjargon »Borborymus«.

Wer gegen ein Minimum an Aluminium immun ist, der hat eine Aluminiumminimumimmunität.

Kinder, die täglich baden und sich mindestens 5mal pro Tag die Hände waschen haben ein 25% höheres Asthma-Risiko als andere Kinder.

Die Faust eines Menschen ist so groß wie sein Herz.

Einige Zahnpasten enthalten Frostschutzmittel.

Es gibt in den USA 18 Ärzte, die den Namen Dr. Doctor tragen (Stand: 2010).

Alle Grippeepidemien hatten bisher ihren Ursprung in China.

Die medizinisch korrekte Bezeichnung für stinkende Füße ist Podobromhydrosis.

Doromanie, so bezeichnet man das ungezähmte Bedürfnis anderen Menschen Geschenke machen zu müssen.

Unter Hypersomie versteht man den Gigantismus oder Großwuchs, an dieser Krankheit leidet ca. 1% der Bevölkerung.

Man gilt als Nasenspraysüchtig, wenn man nicht mehr ohne es frei atmen kann. Bereits nach 7-10 Anwendungen gewöhnt sich die Nase an die Wirkstoffe im Nasenspray und man muss es öfters und in höheren Dosen konsumieren.

Beim Schlafmittel Nytol steht auf dem Beipackzettel der Hinweis: „Achtung: Kann Müdigkeit verursachen".

An zwei aufeinanderfolgenden Tagen zu arbeiten schadet der Gesundheit – dieser Ansicht sind zumindest die Ureinwohner von Papua Neuguinea.

Es ist nicht möglich, sich mit dem Luft anhalten selber umzubringen.

# Der Tagesbedarf an Vitamin B6 ist laut Packungsangabe bereits nach 1,3 kg Nutella gedeckt.

In 60 Sekunden zirkuliert eine menschliche Blutzelle durch den gesamten Körper.

James Fixx, der Erfinder des Wortes "Jogging", starb während er Joggen war an plötzlichem Herztod, auch Sekundentod genannt.

Das menschliche Bewusstsein verarbeitet zwischen 20 und 40 Bits pro Sekunde. Das Unterbewusstsein verarbeitet etwa 11 Millionen Bits pro Sekunde.

Napoleon Bonaparte, Gaius Julius Caesar und Alexander der Große litten unter Ailurophobie (Angst vor Katzen).

# Jährlich verletzen sich rund 40.000 Amerikaner auf der Toilette.

Ein durchschnittlicher Samenerguss des Mannes hat 7 Kalorien.

Auf Packungen mit Nüssen der britischen Supermarktkette "Sainsbury's" ist der Hinweis "Achtung: enthält Nüsse" aufgedruckt.

Am längsten lebt, wer selbstdiszipliniert, zuverlässig und gewissenhaft ist. So eine Studie aus der "Psychologie Heute", von US-amerikanischen Psychologen. Auch eine ähnliche Studie von der Universität Edinburgh kam zum Ergebnis, das die Kombination aus Unzuverlässigkeit und mangelnder Intelligenz ähnlich Lebensverkürzend sei, wie das Teufelsduo aus Tabakkonsum und schlechter Ernährung.

Fleisch fängt, ohne brennende Zusätze wie Alkohol oder Spiritus, ab 250°C Feuer.

Kyphophobie gehört zu den speziellen Ängsten und bezeichnet die Angst davor, sich zu bücken.

Die Angst von einer Ente beobachtet zu werden nennt man "Anatidenphobie" (aus dem griechischen, Anas = die Ente).

Die Angst vor der Bildung von Haut auf der Milch nennt man "Glucodermaphobie".

Betrunken wird man nicht nur wenn man Alkohol trinkt – auch das Baden in alkoholischen Getränken verursacht einen Rausch. Besonders aufnahmefähig ist die Haut an dünnen Stellen wie den Zehen oder im Intimbereich.

## Viele Menschen haben Angst, aus dem Bett zu fallen, aber die Chance dabei zu sterben liegt bei lediglich 1 : 2.000.000.

Der Weltrekord im Schluckauf liegt bei 69 Jahren.

Spermien mögen keine Hitze. Diese Hitze entsteht auch wenn man zu enge Unterwäsche trägt. Denn die Hoden haben normalerweise einige Grad unter der Körpertemperatur. Zu oft zu heiß baden, kann nachhaltig die Qualität der Spermien schädigen.

## Kopfschmerzen sind eine im Beipackzettel aufgelistete Nebenwirkung von Aspirin.

Alle neun Sekunden stirbt weltweit ein Mensch an den Folgen des Rauchens.

Im Zweiten Weltkrieg wurde verwundeten Soldaten im Pazifik das Wasser aus Kokosnüssen injiziert: die Flüssigkeit eignet sich zum Blutplasmaersatz.

## Ein Organspender rettet im Durchschnitt 3 Menschen das Leben, weil zumeist mehrere Organe entnommen werden.

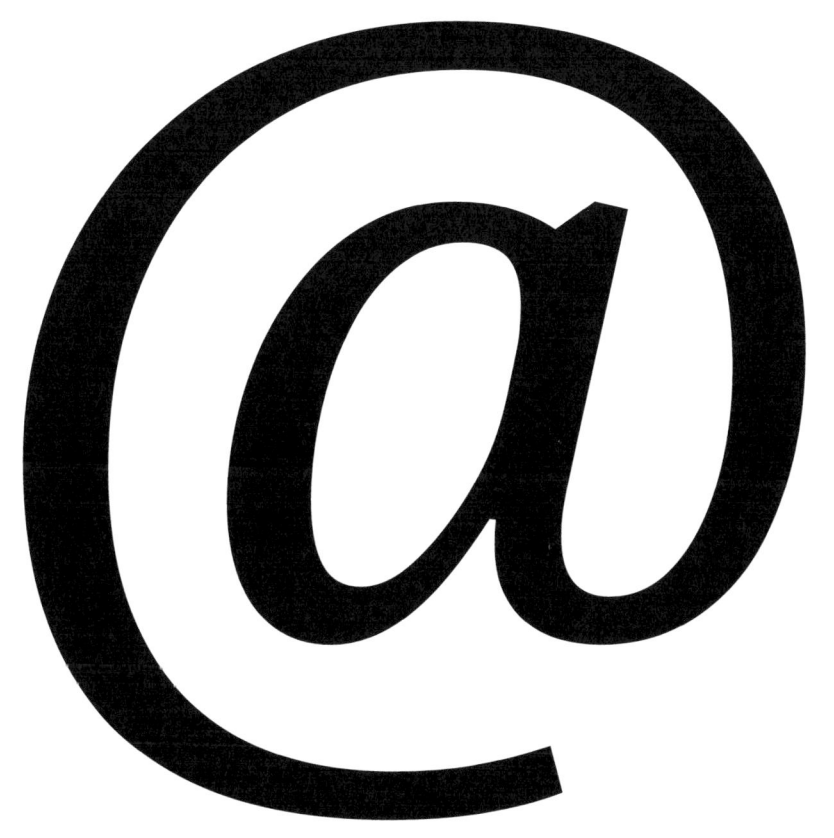

Internet

Die Zeichenfolge »asdf« wird bei der Internetsuchmaschine Google täglich ca. 6 Millionen Mal eingetippt.

Ethernet ist ein eingetragenes Warenzeichen von Xerox.

## Nur eine Internetseite von 10 ist älter als ein Jahr.

1971 versandte Ray Tomlinson seinen Mitarbeitern in dem Forschungsunternehmen „Bolt Beranek and Newman (BBN)" in Cambridge (Massachusetts) die erste E-Mail.

Steven Jobs der ehemalige Apple-Chef verdiente in seiner Firma 1 US-Dollar im Jahr.

Grapedates.com ist eine Weinkenner-Singlebörse.

Wenn man Google Maps die Route von China nach Japan berechnen lässt, erscheint unter Punkt 41 "Per Jet-Ski über den Pazifik".

Wenn man im iranischen Google das Wort »Frauen« eingibt, erscheint »access denied«.

David Lynch gibt auf davidlynch.com täglich einen Wetterbericht ab.

## Apple möchte auf dem iPhone das Wort Juggernaut mit Jungfernhäutchen korrigieren.

Ein Liter Druckertinte von Hewlett Packard kostet mehr als ein Liter des Parfums Chanel No. 5.

Es gibt Firmen, bei denen es möglich ist, für einige Hunderttausend Dollar genug Promotion für einen Internet Hype zu kaufen. Leider gibt es keine Garantie, dass der Hype auch anhält.

1978 wurde von Gary Thuerk die erst Spam-E-Mail verschickt – aber erst 1993 wurde diese als solche benannt.

Am 3. Februar 1976 veröffentlichte Bill Gates einen "Open Letter to Hobbyists". In diesem offenen Brief beschwerte sich der spätere Microsoft-Gründer darüber, dass seine Software Altair Basic vor allem über nicht autorisierte Kopien verbreitet würde.

Der Konsum von drei Tagen YouTube am Stück, verbraucht so viel Strom wie die Produktion einer DVD.

Der Name Yahoo! steht für „Yet Another Hierarchical Officious Oracle", „nicht noch so ein hierarchisches diensteifriges Orakel".

Das @-Zeichen wird in Israel „Strudel" genannt.

Jeder 10. deutsche Internetnutzer hat bereits ein Produkt gekauft, was in einer SPAM-Mail angeboten wurde. Jeder siebte User hat im Internet einen Partner gefunden.

Der Google-Konzern verbraucht pro Jahr rund 2,26 Milliarden Kilowattstunden Strom. Das ist so viel wie eine Stadt mit 200.000 Haushalten.

Wenn Japaner in einer E-Mails Freude ausdrücken wollen, steht dort nicht die Zeichenfolge :), sondern ^-^.

Das „CC" bei E-Mails ist die Abkürzung für „Carbon Copy", Kohledurchschlag.

Die erste Internetseite der Welt war info.cern.ch.

# Kinder

Täglich werden weltweit 12 Kinder bei der Geburt vertauscht.

Ein »Kind« ist ein ehelich geborener Nachkomme. Ein unehelich geborener Spross ist ein »Kegel«.

Ein Drittel der in Deutschland geborenen Kinder kommt außerehelich zur Welt.

Selbst in den neuesten Donald Duck Büchern gibt es keine Handys. Viele Probleme ließen sich sonst zu leicht lösen.

Busch-Pygmäen (eine Volksgruppe in Afrika die bekannt für ihre geringe Körpergröße ist) benennen ihre Kinder nach dem Baum unter dem diese geboren wurden.

**An Wochenenden, an denen ein neues "Harry Potter"-Buch herauskam, halbierte sich die Zahl der Kinder, die ins Krankenhaus eingeliefert werden mussten.**

Sechs Monate alte Babys können die Gesichter von Affen so gut auseinanderhalten wie die von Menschen, ab dem Alter von neun Monaten allerdings nicht mehr.

Das Durchschnittsalter der Lehrer in Deutschland ist 50.

Donald Ducks Vater trägt den Vornamen Degenhard.

Der Erfinder der Zuckerwatte war ein Zahnarzt.

Donald Ducks Zweitname ist Fauntleroy.

Kermit ist die einzige Figur, die sowohl in der Muppetshow als auch in der Sesamstraße auftritt.

In Indien ist es verpönt, den Kopf eines fremden Kindes zu berühren.

Babys weinen schon im Mutterleib.

Ein Kind mit 4 Jahren stellt am Tag etwa 400 Fragen.

In jeder Tüte Gummibären sind ein Drittel der Bärchen rot, aber nur je ein Sechstel weiß, gelb, grün oder orange.

Bugs Bunny hieß zuerst Happy Rabbit.

**Kinder essen Karotten lieber, wenn sie in einer MC Donalds Schachtel serviert werden.**

Babys werden ohne Kniescheibe geboren.

Der Teddy wurde nach dem amerikanischen Präsidenten Theodor ("Teddy") Roosevelt benannt.

Jungen und Mädchen auf der ganzen Welt rennen heute langsamer als ihre Eltern im selben Alter. Die Kinder heutzutage schaffen weniger Strecke und brauchen dafür länger.

**Männer**

Männer, die unter der krankhaften Angst leiden, man sähe ihre Erektion an einer Ausbeulung in der Hose, nennt man Medecophobiker.

92 Prozent aller Männer möchten nicht wissen, wie sich ihre Partnerin selbst befriedigt.

Die von der Feministin Alice Schwarzer herausgegebene Zeitschrift „**Emma**" wird von **2%** der **Männer** gelesen.

Männergehirne sind 14 Prozent schwerer als Frauengehirne.

Die Krawatte wurde in Europa vor über 350 Jahren durch kroatische Söldner populär.

Lediglich 23 Prozent aller verheirateten Männer kaufen ihre Unterwäsche selbst.

Bei 80% der Vaterschaftstests ist der Kläger der leibliche Vater.

**Männer fallen häufiger aus dem Bett als Frauen.**

Lakritze lässt den männlichen Testosteronspiegel um bis zu 44 Prozent sinken.

44 Prozent der US-Männer fühlen sich nicht für die eigene Kleiderwahl verantwortlich.

In Deutschland ist jeder **5.** Patient, der sich einer **Schönheitsoperation** unterzieht, ein Mann.

Der männliche Samen enthält verschiedene Bestandteile, die antidepressiv wirken können.

Sex bzw. die Aussicht auf Sex fördert bei Männern den Bartwuchs. Ausgelöst wird es auch durch Testosteron.

Ein Gesetz in West Virginia erlaubt es Männern, Sex mit Tieren zu haben, wenn diese weniger als 20 kg wiegen.

Die Kosten für die Kryokonservierung, sprich für das Einfrieren und die Lagerung von Spendersamen bei der Cyrobank München, kostet 180 Euro im Halbjahr.

## Das durchschnittliche Gewicht einer Darmentleerung beim Mann beträgt 219g.

Männer können klarer und schneller denken, wenn sie leicht bekleidete Damen anstarren. Wissenschaftler haben entdeckt, dass dadurch das Gehirn des Mannes wächst.

Männer bekommen häufiger Schluckauf als Frauen.

## 83% aller vom Blitz getroffenen Menschen sind Männer.

Liebe kommt aus dem Gehirn, die Erektion hingegen aus dem Herzen. Physiologisch betrachtet zumindest.

Ein Mann produziert täglich 104 Millionen Spermien, dies sind etwa 1200 je Sekunde.

Es ist wissenschaftlich bewiesen, dass Frauen sich eher zu Männern mit Narben hingezogen fühlen!

**Ein Spermium enthält 750 MB an DNA-Daten. Je Ejakulation also ca. 164,8 Mio. GB. Dies wiederum entspricht einer Bandbreite von rund 270 Mio. GBit pro Sekunde.**

**5**8% der Männer haben mindestens schon einmal versucht, ihren Namen in den Schnee zu pinkeln.

**Der durchschnittliche Deutsche hat 6 Sexualpartner im Verlauf seines Lebens.**

**K**leine Männer sind eifersüchtiger.

**In Alabama dürfen Männer ihre Ehefrauen nur mit einem Stock prügeln, dessen Durchmesser nicht größer ist als der ihres Daumens.**

**B**ei Männern heißt ein übermäßiger Geschlechtstrieb nicht Nymphomanie sondern Satyriasis.

**Wird ein Mann von einer Frau angelächelt, macht ihn das zwar für andere Frauen attraktiver, bei Männern sinkt jedoch seine Wertschätzung.**

# Marken

Der Name der Frisbee Scheibe geht auf die Bäckerei von William Russel Frisbie zurück. Diese Bäckerei verkaufte unter anderem Torten in runden Kuchenblechen. In den 1940er Jahren begannen die Kinder mit den weggeworfenen Blechen dieser Torten zu spielen.

**Auf einen Big Mac von McDonalds befinden sich durchschnittlich 178 Sesamkerne.**

Afri-Cola war bis zum 2. Weltkrieg das meistverkaufte Cola-Getränk in Europa.

**Der Reifenhersteller Goodyear war der erste kommerzielle Produzent von Kondomen.**

Das Unternehmen Nintendo gibt es seit 1889.

Der Erfinder des „Jim Beam" hieß Jakob Böhm und stammte aus Deutschland.

Aus dem Wort „Milch" und „Kakao" entstand die Abkürzung „Milka".

Ikea Teppiche tragen Namen dänischer Städte.

**„Latte macchiato" heißt übersetzt „gefleckte Milch".**

„Sinalco" leitet sich aus „sine alcohole" ab.

Bei Burger King in Shanghai gibt es eine VIP-Kasse.

**D**er erste Barcode befand sich auf einer 10er Packung Wirgley´s.

**Levi Strauss, der Erfinder der Jeans, wurde in Buttenheim bei Bamberg geboren.**

**H**ot Dog wurde früher auch Dackelwurst genannt.

**„Don Limpio" ist die Bezeichnung für „Meister Proper" in Spanien.**

**E**rst seit 1936 ist der Ausdruck „Tesa" dem bekannten Klebestreifen zuzuordnen. Vorher war es eine Bezeichnung für künstlichen Würstchendarm.

**Starbucks bietet weltweit 55.000 verschiedene Getränke an.**

**D**ie Eiscreme-Marke „Häagen-Dasz" wurde in der Bronx einem Stadtteil von New-York gegründet.

**A**nfangs legte der Unternehmer William Wrigley der Seife ein Päckchen Backpulver bei, was sich verkaufsfördernd auswirkte, da die Kunden die Seife auch wegen der Beilage kauften. Also stieg man ins Backpulvergeschäft ein und legte wiederum jeder Packung zwei Streifen Kaugummi bei. Wiederum wirkte die Beilage verkaufsfördernd, so dass man nochmals den Geschäftsbereich wechselte und 1893 in die Kaugummiproduktion einstieg.

Walt Disney rief 1999 3,4 Millionen Videokassetten von „Bernhard und Bianca" zurück, weil in zwei Einzelbildern eine nackte Frau zu sehen war.

American Airlines sparte 1987 40.000 US-Dollar, indem sie eine Olive weniger je Salat servierte.

Deutsche Barcodes (Strichcodes) beginnen immer mit 40,41,42 oder 43.

Der Tequila-Wurm ist in Wahrheit eine Raupe. Sie schwimmt in einigen mexikanischen Schnapsflaschen, aber nie in Tequila. Die Raupe ist hierbei ein Indikator für die Qualität. Wird das Insekt konserviert und löst sich nicht auf, ist er von guter Qualität.

Tesafilm wurde 1882 von Paul Beiersdorf eigentlich als Heftpflaster entwickelt. Allerdings reizte die Klebstoffschicht die Haut und verkaufte sich daher schlecht.

Die erste Kuh welche für Werbezwecke verwendet wurde war die sogenannte "Milka-Kuh" und ist zu einer der größten Werbeikonen geworden. Sie hieß Adelheid. Erstmals tauchte diese 1972 auf und hat sich als Werbefigur durchgesetzt. Ihr Besitzer verdiente je „Milka" Werbespot zwischen 500 und 800 Schweizer Franken.

Lynchburg, Tennessee, ist bekannt als Sitz der Destillerie des Whiskeyproduzenten Jack Daniel's. Der Konsum von Alkohol ist dort allerdings gesetzlich verboten.

Der Name "Jeep" (sprich: "dschiip") kommt von der Abkürzung der Armee für das "General Purpos" vehicle, sie war "G.P." (sprich: "dschi pi").

**D**er Schweizer Ueli Prager und sein Architekt haben den Leuten zugeschaut, wie sie den Möwen von der Brücke aus Brot zuwarfen. Die waren so hungrig, dass sie das Brot zur Hand fraßen. Der Architekt ist deshalb auf das Wort „Mövenpick" gekommen. So war der Name der gleichnamigen Restaurantkette geboren.

**D**er elfjährige Frank Epperson aus dem US-Bundesstaat Kalifornien erfand das Eis am Stiel. Er hatte sich im Jahr 1905 mit Brausepulver und Wasser eine süße Limonade zusammengemixt. Über Nacht hatte er das Glas mit der Limonade und dem Rührstab darin auf der Veranda vergessen. Die Nacht war sehr kalt. Am nächsten Morgen war die Brause am Rührstab festgefroren.

**D**ie Mineralölkonzern Shell AG handelte anfänglich in einem kleinen Laden mit Muscheln.

**L**ois Réard, der Erfinder des Bikinis, war Maschinenbauingenieur.

**B**arbie und Ken haben ihre Namen nach den Kindern der Mattel-Gründer Ruth und Elliot Handler erhalten.

**S**ieben Prozent der gesamten Gerstenernte Irlands, werden für die Produktion von Guinness verwendet.

# Coca-Cola™ wurde als Medikament gegen Kopfschmerzen und Magenverstimmungen benutzt und enthielt in seiner ersten Rezeptur zudem auch 250 Milligramm Kokain.

**D**ie allerersten Zigaretten der Marke Marlboro hatten einen rosa Filter, damit dort kein Lippenstift drauf zu sehen ist.

**M**it 300 Millionen Rädern im Jahr ist LEGO der größte Reifenhersteller der Welt und steht damit auch im Guinness Buch der Rekorde.

## Die Strohhalme des Fastfood-Restaurants McDonalds™ haben ein Fassungsvermögen von 7,7 ml.

**D**iese Zubereitungsart Marsriegel zu frittieren ist seit etwa Mitte der 1990er Jahre hauptsächlich aus Fish-and-Chips-Imbissen im westlichen Schottland und in Australien bekannt.

**T**ixo wird in Österreich Tesa genannt.

## Ein Liter des Marken Mineralwassers „BLING H2O" kostet über 66 Euro.

Das italienische Wort „Tiramisu" bedeutet übersetzt: „zieh mich hoch".

**C**oca-Cola-Light ist tatsächlich leichter, als herkömmliche Coca-Cola: wenn man eine handelsübliche Coca-Cola-Dose in eine mit Wasser gefüllte Badewanne wirft, wird sie untergehen. Macht man es hingegen mit einer Cola-Light-Dose, schwimmt diese oben.

**Menschen**

Beim Einschlafen verlassen uns zuerst das Sehvermögen, dann Geschmackssinn, danach der Geruchssinn, der Tastsinn und zuletzt das Gehör.

Die Hilfsbereitschaft gegenüber einem Menschen nimmt zu, je mehr man sich ähnelt.

Als Lebensendzeiteinwegmobiliar bezeichnet man im Beamtendeutsch einen Sarg.

11,5% der Menschen nehmen Ihr Handy mit auf´s Klo.

20 Kilogramm Haut schuppen sich im Laufe des Lebens vom menschlichen Körper ab.

Wissenschaftler fanden heraus, dass 65,1 Prozent der Menschen beim Nasebohren den Zeigefinger benutzen, 20,2 Prozent den kleinen Finger und 16,4 Prozent den Daumen.

**Als Fummelgebühr bezeichnen Flughafenangestellte den im Ticketpreis enthaltenen Beitrag für die Sicherheitskontrolle.**

54% der Deutschen machen in Deutschland Urlaub.

Die teuerste Aktie der Welt der Welt ist die der Firma Berkshire Hathaway.

Über ein Drittel der Bevölkerung wäscht sich nach dem Toilettengang nicht die Hände.

Auf den Wiener Opernball trägt der Herr weiße Fliegen zum Frack, damit er von dem Kellner unterschieden werden kann.

Das deutsche Badezimmer ist im Durchschnitt 7,8 Quadratmeter groß.

24 Stunden ohne Schlaf wirken wie 1 bis 1,2 Promille Alkohol im Blut.

Ein menschliches Gehirn kann im Wachzustand genug Energie produzieren, um eine Glühbirne von 10 bis 23 Watt leuchten zu lassen.

Das Kinderbuch „Bambi – ein Leben im Walde" und der pornographische Roman „Josefine Mutzenbacher" wurden beide vom Schriftsteller Felix Salten geschrieben.

Die Wahrscheinlichkeit, am Vortag der Lottoziehung zu sterben, ist 1835 Mal höher als die, den Jackpot zu knacken.

Paare, die sich die Hausarbeit teilen, haben zehn Prozent mehr Sex als jene, bei denen die Hauptlast bei den Frauen liegt.

Es ist unmöglich, sich die Nase zuzuhalten und dabei länger als drei Sekunden "Mhhhhh" zu sagen.

Etwa 100 Millionen Menschen weltweit Leben außerhalb ihres Geburtslandes.

Wollte man alle deutschen Biere durchprobieren, indem man jeden Tag ein anderes trinkt, bräuchte man dafür mehr als 13 Jahre.

52.000 Tonnen Ketschup werden jährlich in Deutschland verspeist.

Die Wahrscheinlichkeit, glücklich zu sein, ist auf einer Insel größer als auf dem Festland.

Die 45 Kilogramm schwere Sonya Thomas verdrückte 41 Hot Dogs in 10 Minuten. Mit 80 Chicken Nuggets binnen 5 Minuten und 65 gekochten Eiern innerhalb von weniger als sieben Minuten ist sie auch in diesen Kategorien Rekordhalterin.

Eine Krawatte kann man in 85 verschiedene Arten binden.

## Der passive Wortschatz eines Deutschen umfasst im Durchschnitt 94.000 Wörter.

6 von 10 Menschen, die vom Blitz getroffen wurden, überlebten ihn.

Alle weltweit öffentliche Abwasserkanäle zusammengenommen umspannen 13-mal die Erde.

Drafi Deutscher benutzte 40 Künstlernamen, darunter: Baby Champ, Pina Colada, Phoenix, Hektar von Usedom und Kurt Gebegern.

## Lediglich 4 Prozent der Iren haben rote Haare.

Ein Erwachsener schluckt etwa sechshundertmal am Tag.

Der Däne Stig Severinsen hielt 2003 in der englischen Hauptstadt London 22 Minuten unter Wasser die Luft an – Weltrekord.

Wenn beide Elternteile Linkshänder sind, ist der Nachwuchs dennoch zumeist Rechtshänder.

Was in Deutschland als „Otto Normalverbraucher" bezeichnet wird, heißt in Italien „Mario Rossi".

Mit der Koprophilie bezeichnet man den sexuellen Lustgewinn durch menschlichen Kot.

1972 war Eugene Cernan der letzte Mann auf dem Mond.

**Roy Sullivan nannte man auch "den Blitzableiter von Virginia". Zwischen 1942 und 1983 wurde er 8mal vom Blitz getroffen.** 1983 tötete er sich selbst.

Der „Tom Collins" Drink wurde nach einem Londoner Barkeeper aus dem 19. Jahrhundert benannt.

**Leticia Koffke gewann 1990 die erste und einzige Miss-Wahl in der DDR. Sie wurde 1991 auch die erste Gesamtdeutsche Miss Germany.**

Im und am menschlichen Körper leben 10mal mehr Bakterien, als er Zellen hat.

Die Formel für die Fußlängenberechnung:

$$\textit{Fußlänge in Zentimetern} = \frac{\textit{Deutsche Schuhgröße}}{3} \times 2$$

Bis heute lebten etwa 107 Milliarden Menschen auf der Erde.

**1**949 ernährte ein Landwirt 10 Menschen mit seinen Erzeugnissen, heute sind es 140.

## Täglich erreichen uns in Deutschland 3000 Werbebotschaften.

**4**8 Prozent der Verstorbenen in Deutschland werden verbrannt.

**D**ie 13 ist die statistisch am seltensten gezogene Zahl im deutschen Lotto. Am häufigsten fällt die Zahl 43.

**E**in Wanderer gibt im Schnitt 2,50 Euro je Kilometer aus.

**E**twa 100 Milliarden Nervenzellen besitzt das menschliche Gehirn.

**9**1% der Männer und 84% der Frauen hatten bereits Mordphantasien.

**W**alzer sind Stücke im 3/4 Takt - der Flohwalzer ist dagegen im 2/4 oder 4/4 Takt geschrieben.

**E**in deutscher Supermarkt hat im Durchschnitt 40.000 Artikel im Angebot.

**D**ie Redewendung „Hals- und Beinbruch" kommt aus dem Hebräischen „Hazlache un broche" und bedeutet „Glück und Segen".

## Hunde beißen Postboten deshalb, weil sie sehr viele verschiedene Gerüche mit sich bringen.

**4** von 5 Menschen in Deutschland falten ihr Toilettenpapier ordentlich.

Ein Europäer kaut im Durchschnitt 30 Minuten am Tag.

400.000 Prostituierte gibt es in Deutschland.

Menschen mit einem überdurchschnittlich langen Mittelfinger wählen meist einen Ehepartner mit ebenfalls langem Mittelfinger.

**10,9** Millionen US-Dollar **Millionäre** gibt es weltweit, **924.000** davon leben in **Deutschland**.

Der Südtiroler Hans Kammerlander brauchte lediglich 17 Stunden, um den Mount Everest zu besteigen. Er fuhr auf Skiern wieder herunter.

George Foreman hat fünf Söhne mit dem Vornamen George.

**Durchschnittlich 46 Stunden verbringt ein Bundesbürger im Jahr auf dem Örtchen.**

Ein deutscher Mann besitzt im Durchschnitt 19 Unterhosen.

Im Jahr 2012 wurden 825 Millionen Tiefkühlpizzen verkauft.

Einen Liter Speichel produzieren die menschlichen Drüsen täglich.

**Nur 3 von 10 Todesopfern bei Flugzeugabstürzen sterben durch den Aufprall, die Mehrheit stirbt an Rauchvergiftung.**

Der tiefste Sturz, den je ein Mensch überlebt hat, erstreckte sich über zehn Kilometer. Es war die Stewardess Sesna Vulovic, die aus dem Flugzeug hinaus geschleudert worden war.

Die menschliche Ohrmuschel wächst 0,2 Millimeter pro Jahr.

Nach landläufiger Meinung erblickten böse Geister im Mittelalter im Gähnen ein willkommenes Einfallstor in den menschlichen Körper. Daher hielten sich schon damals die Menschen die Hand vor dem Mund. Allenfalls bei Paaren mit Kinderwunsch hatte das Gähnen im Mittelalter einen guten Ruf: Musste die Frau nach dem Sex herzhaft gähnen, galt eine Schwangerschaft als so gut wie sicher.

Der südlichste Punkt Afrikas ist das Kap Agulhas, nicht das Kap der Guten Hoffnung.

## 90 Prozent der Deutschen zahlen in ihrem gesamten Leben mehr Zinsen, als sie erhalten.

Das Gehirn des Neandertalers war größer als das der heutigen Menschen.

Der internationale Hilferuf »Mayday« bedeutet in der SM-Szene: „Die Schmerzgrenze ist überschritten - sofort aufhören".

Auf öffentlichen Toiletten wird das mittlere WC am häufigsten und das am Ausgang liegende am wenigsten genutzt.

Etwa 5mg wiegt eine menschliche Träne. In einem Menschenleben weinen wir über zwei Milliarden Tränen, 80 Liter Flüssigkeit werden durchs Auge gespült.

Menschen sind am Abend bis zu 3 Zentimeter kleiner als am Morgen, da die Zwischenwirbelscheiben tagsüber an Flüssigkeit verlieren.

Haben Sie sich schon einmal gefragt, warum der in Deutschland so beliebte Schweinsknochen mit Fleisch „Eisbein" heißt? Das Eisbein war ursprünglich ein Röhren- oder Schienbeinknochen größerer Tiere, der sich zur Herstellung von Schlittschuhkufen eignete.

An einem einzigen Schritt des Menschen sind über 200 Muskeln beteiligt.

## 150 Kalorien verbraucht der Mensch, wenn er eine Stunde seinen Kopf gegen die Wand schlagen würde.

Wenn 50 Menschen kräftig in eine Richtung drängen, entsteht dadurch ein Druck, der dem Gewicht eines Mittelklassewagens entspricht.

Einer wissenschaftlichen These zufolge gab es im vergangenen Jahrtausend etwa 100.000 Naturkatastrophen, bei denen 15 Millionen Menschen ums Leben kamen.

## Verheiratete Frauen und ledige Männer trinken mehr Alkohol als ledige Frauen und verheiratete Männer.

Die Aufklärungsquote der Morde in Deutschland lag 2008 bei 97,6 Prozent, für Fahrraddiebstahl lediglich bei 10,5 Prozent.

Der menschliche Körper enthält eine solche Menge Karbon, welches für die Herstellung von 8 Bleistiften reichen würde.

Umfragen ergaben, dass 40 % der Hunde- und Katzenbesitzers ein Bild ihres Haustiers mit sich tragen.

Auf der Insel Mauritius ist etwa die Hälfte der Einwohner indischer Abstammung.

Rechtshänder leben im Durchschnitt 9 Jahre länger als Linkshänder.

Allein reisende Frauen sind in New York sicherer als in Rom, London oder Paris.

Die Armee von Monaco hat weniger Mitglieder als das Nationalorchester.

Ein Mensch geht durchschnittlich 6.000 Schritte am Tag zu Fuß.

Während eines 75-jährigen Lebens gelangen 30 Tonnen Nahrung und 50.000 Liter Flüssigkeit durch das menschliche Verdauungssystem.

Auch Einäugige können räumlich sehen, da das Gehirn nur einen kleinen Teil der dreidimensionalen Eindrücke über »Stereooptik« erzeugt.

Ein Lotto-Gewinner aus Kanada erspielte 40 Millionen Dollar und hat alles einer Stiftung überschrieben – in Gedenken an seine verstorbene Frau.

Jährlich kommen in den USA 2.500 Linkshänder beim Gebrauch von Gegenständen, die für Rechtshänder gefertigt wurden, ums Leben.

Fingernägel wachsen im Schnitt 3,8mal schneller als Fußnägel. Im Leben eines Menschen werden insgesamt etwa 28 Meter produziert.

Der letzte mohikanisch-sprechende Indianer starb 1933.

Mit einem Menschen, der 68 kg wiegt bekommt man 40 Kannibalen gesättigt.

Das Skelett eines Kindes hat bei seiner Geburt 350 Knochen, dies sind meist Knochenfragmente, die im natürlichen Lauf zusammen wachsen. Ein Erwachsener hat 214 Knochen. Viele Knochen sind natürlicherweise in Fragmente geteilt, weil sie einfach zu groß für den Muttermund bei der Geburt wären.

In den Füßen eines Menschen stecken etwa ein Drittel aller Knochen.

Alleine in Amerika verletzten sich jährlich über 56.000 Menschen an Schmuck.

In China ist es durchaus ein gutes Zeichen, wenn man beim Essen schmatzt und rülpst, man zeigt damit, dass das Essen schmeckt.

Der Intelligenzquotient ist verbunden mit der Gehirnaktivität und diese ist Grund dafür, dass Menschen mit hohem IQ schlechter einschlafen können.

## Die DNA eines Menschen stimmt zu 50% mit einer Banane überein.

Die Geschwindigkeit, wie Nägel bei Menschen wachsen ist abhängig davon, ob man Linkshänder oder Rechtshänder sind.

Ein Tag ohne Schlaf wirkt wie 1 bis 1,2 Promille Alkohol im Blut.

Amerikaner geben am Valentinstag jedes Jahr mehr als 1,105 Millionen Dollar für Süßigkeiten für ihre liebsten aus.

## Der Mensch geht in seinem Leben ca. 160.000 Kilometer, also 4mal um die Erde.

Der Körper produziert täglich ca. 30 Meter Haar.

Menschen die auf dem Bauch schlafen, neigen eher zu Träumen mit sexuellen Inhalten.

Laut dem Magazin "National Geographic", werden Menschen mit roten Haaren (die im übrigen Nachfahren der Wikinger sind) bis zum Jahr 2060 ausgestorben sein.

Laut dem "Knigge" ist das Kommentieren eines Niesens mit "Gesundheit" eine Dramatisierung des körperlichen Verfalls und daher nicht angebracht.

**2 Minuten und 42 Sekunden – so lange schaffte es Bernard Clemmens am Stück zu furzen und hält damit den Weltrekord!**

Je mehr Schokolade in einem Land konsumiert wird, desto höher ist die Wahrscheinlichkeit, dass von dort ein Nobelpreisträger herkommt.

Die Einäscherung eines Erwachsenen Menschen dauert etwa 90 Minuten.

Das normale Lesetempo liegt bei etwa 240 Wörtern pro Minute, das entspricht etwa einer Taschenbuchseite.

Die meisten Autofahrer neigen dazu, schneller zu fahren, wenn sie von anderen Fahrzeugen umgeben sind. Wenn sie alleine unterwegs sind, ist die Geschwindigkeit der Vorgabe angepasst.

Jährlich nehmen sich über eine Million Menschen das Leben. Diese Studie wird jedes Jahr von der WHO (Weltgesundheitsorganisation der UNO) veröffentlicht. Die höchste Selbstmordrate ist in Weißrussland und in Südkorea zu verzeichnen.

# Alle Blutbahnen eines erwachsenen Menschen hintereinander gereiht, ergibt eine Strecke von ca. **100.000** km.

**D**er menschliche Magen muss alle 2 Wochen seine Schleimhaut komplett neu generieren. Ansonsten würde er sich selbst verdauen.

**W**eltweit sind dreißig Mal so viele Männer wie Frauen im Gefängnis. In den USA war 2008 etwa jeder Hunderte dort – also ziemlich genau 2,32 Millionen Menschen. Die Kosten belaufen sich auf ungefähr 50 Milliarden Dollar, vor 25 Jahren waren es "nur" 11 Milliarden.

**I**nuits in Zentral- und Nordostkanada definieren Kälte mit der Anzahl an (Schlitten-) Hunden, die sie benötigen, um warm zu bleiben.

**D**as erste Kreuzworträtsel erschien am 21. Dezember 1913 in der Weihnachtsausgabe der amerikanischen "New York World". Es enthielt 31 Suchbegriffe, war rautenförmig aufgebaut und enthielt keine schwarzen Felder. Der Erfinder des Kreuzworträtsels, Arthur Wynne stammte allerding aus Liverpool.

**D**er menschliche Körper übersteht kurzfristige hohe Beschleunigungen überraschend gut. Eine horizontale Beschleunigung von 40 G (die 40-fache Erdbeschleunigung) kann er etwa eine Sekunde aushalten. Vertikale Beschleunigungen, wie sie u.a. bei Flugzeugabstürzen auftreten sind aber gefährlicher. Hier ist bei 15 G und einer halben Sekunde Schluss.

**D**ie höchste Belastung, der sich jemals ein Mensch freiwillig ausgesetzt hat (bei einem Beschleunigungsexperiment) lag bei 45 G für 0,5 Sekunden.

**D**er Mensch besteht aus 10 Quatrilliarden Atomen (eine 1 mit 28 Nullen).

# Der Mensch hat im Mund mehr Bakterien als im After.

Die Oberfläche der menschlichen Lunge entspricht der Größe eines Tennisplatzes. Weil sie so extrem elastisch sind, wären Lungen etwa 100 Mal einfacher aufzublasen, als ein Kinderballon.

Die häufigste Blutgruppe in Mitteleuropa ist A (43%) dann folgen 0 (39%), B (13%) und AB (5%).

Das menschliche Herz erzeugt so einen Druck, dass das Blut etwa 10 Meter weit spritzen könnte.

Wir atmen immer nur durch ein Nasenloch; etwa alle 15 Minuten findet der Wechsel statt.

# Der menschliche Schädel besteht aus 22 verschiedenen Knochen. Einen davon, den Mittelkieferknochen, hat Goethe entdeckt.

Beim Husten wird die Luft in den Lungen auf etwa 100 km/h beschleunigt. Es gibt Quellen die sogar von 200 - 300 km/h ausgehen.

# Beim Schreiben benutzt man 57 Muskeln in Hand und Arm.

Oft müssen Menschen niesen, wenn sie ins helle Licht treten. Dieses sogenannte "Lichtniesen" ist eine genetisch bedingte Eigenschaft. Das Niesen erfolgt, weil die Schutzreflexe des Auges (Blendung) und der Nase eng miteinander verbunden sind. Von dieser Erscheinung sind 18 - 35 Prozent der Bevölkerung betroffen.

## Ein durchschnittlicher menschlicher Körper besteht aus:

| | |
|---|---|
| 10 kg | Protein |
| 1 kg | Kohlenhydrate |
| 10-15 kg | Fette |
| 5-40 kg | Wasser |
| 3 kg | Mineralstoffen |

Im Schlaf ist das Gehirn aktiver als beim Fernsehen schauen.

Ein durchschnittlicher Kopf des Menschen wiegt ca. 6 kg.

Das Blut macht ca. 8% des Körpergewichts eines Menschen bzw. Säugetieres aus.

## Die menschliche Darmflora wiegt ca. 1,5 kg.

Das Skelett macht ca. 20% des Körpergewichts des Menschen aus. Das Skelett verändert sich bei Gewichtszunahme nicht, daher haben Übergewichtige oft Gelenkprobleme.

Jeder Mensch träumt im Durchschnitt vier Träume in der Nacht.

Menschen im Alter zwischen 56 und 65 sind in der Bundesrepublik sexuell aktiver als die Generation unter 25.

Menschen die übermäßig gegessen haben hören danach schlechter.

Magensäure ist so stark, dass sie sogar einen Nagel auflösen könnte.

Die Zunge ist der einzige Muskel im Menschen, der nur an einem Ende befestigt ist.

# Natur

# Beim Rennen im Regen bekommt man mehr als doppelt so viel Wasser ab als beim Gehen.

**O**liven zählen streng genommen zu Obst, weil sie Früchte eines Baumes sind, die Kerne im Fruchtfleisch tragen.

**Ü**ber 1 Millionen Mal bebt die Erde pro Jahr. 2000 Beben richten dabei sichtbare Schäden an.

**M**eerwasser enthält zirka drei Prozent Salz.

**E**ine durchschnittliche Schönwetterwolke wiegt in etwa so viel wie 80 Elefanten.

**S**alz ist eines der wenigen Gewürze, das nur Geschmack und keinen Geruch hat.

# Pflanzen können einen Sonnenbrand bekommen.

**E**in Maiskolben hat immer eine gerade Anzahl an Körnern in einer Reihe.

**S**chneeglöckchen produzieren bis zu acht Grad Celsius Wärme, sodass rund um die Wurzeln und Blätter der Schnee schmilzt.

**D**er Dunkle Hallimasch ist der bislang größte Pilz der Welt und das größte Lebewesen der Erde.

# Die Tulpe hat ihren Ursprung in der Türkei.

**E**feu kann bis zu 400 Jahre alt werden.

**E**rhitzt man einen Diamanten auf 800 Grad Celsius, so verbrennt er zu Kohlendioxid.

**N**ach Radarmessungen ist der kleinste Tropfen in den Wolken 0,1 Millimeter groß und wiegt ein fünfzigstel Gramm. Der größte Regentropfen misst 7 Millimeter und wiegt 4,2 Gramm. Größer können Regentropfen nicht werden, da sie sonst beim Fallen durch den Luftwiderstand auseinander platzen.

**W**er eine behördliche Aufforderung zur Beseitigung von „Spontanvegetation" oder „Kulturpflanzenbeikraut" bekommt, der sollte einfach nur das Unkraut entfernen.

**B**äume verlieren ihre Blätter, weil sie aus dem gefrorenen Boden zu wenig Wasser ziehen können, um die Blätter damit zu versorgen.

**A**rtischocken zählen zu den Disteln.

**H**agebutten enthalten mehr Vitamin C als Zitronen.

**B**ambus kann pro Stunde bis zu 5 Zentimeter wachsen.

**L**aut Gallup-Umfrage aus dem Jahr 2011 glauben 45% der US-Amerikaner nicht an die Evolution, sondern dass Gott die Menschen vor mehr als 10.000 Jahren erschaffen hat.

# Fliegenpilze waren im Mittelalter eine weitverbreitete Zutat zum Bierbrauen.

**E**rdnüsse gehören zur Familie der Bohnen. Es sind Hülsenfrüchte.

# Die Ozeane der Welt haben eine durchschnittliche Tiefe von 3990 Metern.

Ein Ei enthält alle bekannten Vitamine außer Vitamin C.

Eine Bonsaipflanze, die kleiner als sieben Zentimeter ist, wird als Mame bezeichnet.

In Eichen wird der Pflanzensaft mit einer Geschwindigkeit von bis zu 40 Metern pro Stunde transportiert.

Von den Blitzen, die auf der Erde "einschlagen" bewegt sich die Mehrheit von unten nach oben.

Der schnellste Tornado, der jemals gemessen wurde, erreichte 1999 im US-Bundesstaat Oklahoma eine Windgeschwindigkeit von 510 km/h.

120 Wassertropfen benötigt man um einen Teelöffel zu füllen.

Tomaten, Gurken und Zitrusfrüchte gehören zur Pflanzengattung der Beeren.

## Jeder Liter Süßwasser ist im Durchschnitt bereits von drei Lebewesen getrunken worden.

Für einen Liter Olivenöl benötigt man 5 Kilogramm Oliven.

Regentropfen fallen durchschnittlich mit 22 Stundenkilometern vom Himmel.

In einem Bett leben ca. 6 Milliarden Staubmilben

Nur 10 % aller Blitze schlagen in den Boden ein.

Um ein Straußenei hart zu kochen, benötigt man 40 Minuten.

Die Seidenspringerraupe hat 11 Gehirne.

Es ist möglich, eine Kuh eine Treppe heraufzuführen. Unmöglich ist es jedoch, sie die Treppe wieder herunterzuführen.

Zwei Drittel der Menschen auf der Welt haben noch nie Schnee gesehen.

Auf einem Menschen kommen über 200 Millionen Insekten.

Lila ist die einzige Farbe, welche man nicht mit bloßem Auge im Regenbogen erkennen kann.

Eine ausgewachsene Eiche trägt bis zu 700.000 Blätter.

## Der Vollmond ist neunmal so hell wie der Halbmond.

Die DNS/DNA eines Menschen und eines Gorillas stimmen zu 99,98% überein!

Um den Süße-grad einer Ananas zu steigern muss man diese salzen.

Der Stromschlag, den man bekommt, wenn man elektrostatisch aufgeladen ist und metallische Gegenstände berührt, beträgt zwischen 10.000 und 30.000 Volt.

Im US-Bundesstaat Montana wurde am 28.1.1887 die größte je gemessene Schneeflocke gefunden. Sie hatte einen Durchmesser von 38 Zentimetern.

Die längste Trockenperiode hatte die Stadt Wadi Halfa im Norden des Sudan. 228 Monate (19 Jahre) gab es hier keinen Niederschlag.

**Zitronen** enthalten mehr **Fruchtzucker (Fructose)** als **Erdbeeren.**

Es waren bisher mehr Menschen auf dem Mond (sechs) als an der tiefsten Stelle im Ozean (Mariannengraben).

Ein einzelnes Reiskorn hat mit insgesamt 400 Millionen DNA-Bausteine, mehr als der Mensch!

Im US-Bundesstaat South Dakota wurde das größte Hagelkorn gefunden. Nach den offiziellen Angaben hatte es einen Durchmesser von 20,32 und einen Umfang von 47,29 Zentimetern, sein Gewicht betrug 875 Gramm.

**Weintrauben explodieren, wenn man diese in der Mikrowelle erhitzt.**

Lediglich 5% des Meeres sind bislang erforscht.

Keime sterben auf Holz schneller ab, als auf Kunststoff.

# Persönlichkeiten

Niemand regierte je kürzer als Luis Filipe von Portugal. Er starb 1908 durch ein Attentat, 20 Minuten nach seinem Vater.

Der jüngste Papst war Benedikt IX. und war bei seiner ersten Wahl erst 12 Jahre alt.

Das expressionistische Bild „No. 5, 1948" von Jackson Pollock gilt mit 140 Millionen US-Dollar als das teuerste Gemälde der Welt.

Wolfgang Amadeus Mozart hieß mit vollständigen Namen Johannes Chrysostomus Wolfgangus Theophilus Mozart.

Die Frau des Mode-Designers Paul Smith trägt den Vornamen Pauline.

Pierce Brosnan trat als Teenager im Zirkus als Feuerschlucker auf.

In Manaus, im brasilianischen Amazonasgebiet, gibt es eine Bar, die Oliver-Kahn-Burger, Steffi-Graf-Burger und Franz Beckenbauer-Burger serviert.

Alexander Graham Bell, Erfinder des Telefons, hatte eine schwerhörige Mutter und eine taubstumme Ehefrau.

# Rembrandt porträtierte sich mehr als sechzig Mal.

Der Lyriker Rainer Maria Rilke wurde bis zu seinem sechsten Lebensjahr von seiner Mutter wie ein Mädchen angezogen und Sophie genannt.

Cate Blanchett schenkte ihrem Mann Gipsabgüsse ihrer Ohren.

Der zweite Vorname John Lennons war Winston.

Donna Leons Romane erscheinen nicht in Italien. Die in Venedig lebende Autorin möchte dort unerkannt ihre Ruhe genießen.

Napoleon putzte seine Zähne mit Wildschweinborsten.

Charlie Chaplin schied 1928 bei einem Doppelgänger-Wettbewerb für Charlie Chaplin in der Vorrunde aus.

## 64 Jahre brauchte Goethe zum Schreiben des „Faust".

Alexander der Große war lediglich 150 Zentimeter groß.

Reinhold Messner verlor drei Zehen durch erfrieren auf dem Mount Everest.

Grace Kelly musste vor ihren Eintritt in die Ehe mit Fürst Rainier 2 Millionen Dollar Mitgift und eine Bescheinigung ihrer Gebärfähigkeit vorweisen.

627 verkaufte Platten pro Woche genügen, um auf Platz 84 der deutschen Albumcharts zu landen.

## Der Schauspieler Michael Keaton heißt im richtigen Leben Michael Douglas.

Sean Connery ist jünger als der James Bond Nachfolger Roger Moore.

„Zeit ist Geld" stammt von Benjamin Franklin und ist 1748 in seinem Buch „Ratschläge für junge Kaufleute" erstmals erschienen.

Kylie Minogue ist 153cm groß.

Bruce Willis kam in Idar-Oberstein zur Welt.

Humphrey Bogarts letzte Worte waren laut Überlieferung: „Ich hätte nie von Scotch auf Martini umsteigen sollen".

Anna Duchess of Bedford führte 1840 den britischen Fünfuhrtee ein.

**Miss Monneypenny die Sekretärin von "M" in den James Bond Filmen von 1995-2002 heißt im wirklichen Leben Samantha Bond.**

Der ehemalige Umweltminister Jürgen Trittin hat keinen Führerschein.

Der Maler Caravaggio tötete einen Rivalen bei einem Streit während eines Tennisspiels.

Sigmund Freud hatte krankhafte Angst vor Farnen.

Pythagoras gründete eine religiöse Gemeinschaft, deren Mitglieder es untersagt war, Bohnen auch nur anzufassen. Sie glaubten, manche Seelen würden nach dem Tode zu Bohnen.

Daniel Düsentrieb machte 180 Erfindungen.

Nelson Mandela hieß eigentlich Rolihlahla Mandela und bedeutet wörtlich „Am Ast eines Baumes ziehen"– gemeint ist damit ein „Unruhestifter".

Reinhold Messner bestieg den Mount Everest ohne Sauerstoff, aber mit einer Rolex am Handgelenk.

Lee Harvay Oswalds Leichenschild wurde 1992 für $6.600 versteigert.

**1**876 starb der letzte reinrassige Tasmanier.

**1**938 wurde Hitler für den Friedensnobelpreis vorgeschlagen.

**D**er Rapper Snoop Dogg hat die Lizenz zum Kiffen. Er besitzt eine "Medical Card for Marijuana", die den Konsum bei chronischen Krankheiten legalisiert. Ihm wurde die Lizenz aufgrund seiner Migräne erteilt.

# Stalins linker Arm war kürzer als der rechte.

**W**illiam Howard Taft war der einzige US-Präsident (vom 04.03.1909- 04.03.1913), der in einer Badewanne im Weißen Haus stecken blieb.

**N**eil Armstrong (* 5. August 1930; † 25. August 2012) betrat den Mond zuerst mit dem linken Fuß.

## Albert Einstein arbeitete als Lehrling einer Elektrofirma auf dem Oktoberfest. Seine Hauptaufgabe damals bestand aus dem eindrehen von Glühbirnen in den Festzelten.

**L**eonardo Da Vinci (* 15. April 1452; † 2. Mai 1519) konnte gleichzeitig mit der einen Hand schreiben und mit der anderen malen.

**D**ie Autorin der "Harry Potter" Reihe, Joanne K. Rowling, ist reicher als die Königin von England.

**U**S-Präsident Barack Obama ist Linkshänder – genau wie vier andere Präsidenten (Gerald Ford, Ronald Reagan, George Bush sr., Bill Clinton) der letzten 34 Jahre.

Jahre nach dem Tod von Wolfgang Amadeus Mozart, wurden bisher unveröffentlichte Kanons von seiner Witwe an den Verlag Breitkopf & Härtel geschickt. Der für sonst liebliche Kompositionen bekannte Komponist, verfasste: "Leck mich im Arsch".

Angela Merkel hörte am 9. November 1989 vom Mauerfall, als sie in einer Sauna in der Schönhauser Allee in Ostberlin saß.

Albert Einstein hat einen „Automatischen Beton-Volks-Kühlschrank" erfunden.

Otto von Bismarck wurde im Jahre 1862 von einem Leuchtturmwärter vor dem Ertrinken gerettet. Nur zwei Wochen später ertrank der Retter an gleicher Stelle.

Wladimir Putin ist Mitautor des Buches „Judo – Geschichte, Theorie, Praxis".

Guildo Horn heißt mit bürgerlichen Namen Horst Köhler.

Elvis Presley gab niemals Zugaben.

Clint Eastwood hat eine Allergie gegen Pferde.

Das letzte Wort des Österreichischen Komponisten Gustav Mahler war: „Mozart"!

Stalin war kein Russe. Er war Georgier.

Dieter Bohlen war bekennender Kommunist und engagierte sich in seiner Schulzeit für die KPD.

# Politik

Aus den Buchstaben des Worts »Bundeskanzlerin« lässt sich das Wort »Bankzinsenluder« bilden!

Das Pentagon in Arlington, Virginia hat doppelt so viel Badezimmer als überhaupt notwendig.

Der Präsidentenwahlkampf in den USA kostet etwa drei Mal so viel wie einen ferngesteuerten Rover auf den Mars zu schicken.

Das Bundesverdienstkreuz wurde bisher mehr als 250.000 Mal verliehen.

Angela Merkel aß vor ihren Amtsantritt als Bundeskanzlerin regelmäßig donnerstags Döner – allerdings ohne Sauce.

Edmund Stoiber schrieb 1971 seine juristische Dissertation über Hausfriedensbruch.

Cajus Julius Caesar saß von 1998 bis 2005 und von 2007 bis 2009 für die CDU im Bundestag.

Der ehemalige französische Präsident Nicolas Sarkozy sammelt aus Leidenschaft Briefmarken.

Das Weiße Haus ist nicht reinweiß, sondern cremefarben. Die Farbe kommt aus Deutschland von der Firma Keimfarben aus Diedorf bei Augsburg.

Das Bundeskanzleramt hat dreizehn Wintergärten.

Georg Bush und Saddam Hussein hatten denselben Schuster: Vito Artioli aus der Nähe von Mailand. Bush bevorzugte die klassischen Modelle aus schwarzem Kalbsleder. Saddam feinste Arbeiten aus Krokodil- und Straußenleder.

Der Bundesnachrichtendienst (BND) hieß früher - aus Gründen der Tarnung - "Bundesvermögensverwaltung, Abteilung Sondervermögen, Außenstelle Pullach".

## Die Tür des britischen **Premierministers** in der Downing Street No. 10 kann nur von innen geöffnet werden und hat <u>kein</u> **Schlüsselloch** auf der Außenseite.

Die ersten Nationen, die das Wahlrecht für Frauen eingeführt haben, sind: Neuseeland (1893), Australien (1902) und Finnland (1906).

Bislang ist kein amerikanischer Präsident im Monat Mai gestorben.

Im Pentagon gibt es doppelt so viele Klos wie notwendig. Zum Zeitpunkt des Baus, 1940, herrschte in Virginia Rassentrennung, die separate Einrichtungen für Weiße und Schwarze vorschrieb.

„Eichhörnchen" ist die Übersetzung von „Wowereit" aus dem Litauischen.

Winston Churchill wurde auf einer Toilette geboren.

## 2012 war der teuerste Präsidentschaftswahlkampf aller Zeiten. Über 2 Milliarden US-Dollar wurden dafür ausgegeben.

# Religion

Nach einer ZDF-Meinungsumfrage glauben 70% aller US-Amerikaner an die Existenz der Hölle. Zum Vergleich: in Deutschland sind es 10%.

In der Bibel werden Katzen nicht erwähnt.

In der Offenbarung des Johannes, Kapitel 20, Vers 10, ist in einer Beschreibung der Hölle von flüssigem Schwefel die Rede. Der Siedepunkt von Schwefel liegt bei 444 Grad Celsius.

Von Hildegard von Bingen stammt die vermutlich erste und für eine Nonne bemerkenswert detaillierte Beschreibung des weiblichen Orgasmus.

4 ½ Liter Bier täglich tranken Benediktinermönche im Mittelalter.

Mit der Schweizergarde verfügt der Vatikan über die kleinste und älteste Armee der Welt. Sie besteht aus 110 Mann.

Etwa 70 Kilogramm wiegt der Minutenzeiger der Gedächtniskirche.

Der Buddhismus hat in Indien seinen Ursprung. Heute ist allerdings nur noch weniger als 1% der indischen Bevölkerung buddhistisch.

# Weltweit gibt es mehr als 23000 christliche Glaubensgemeinschaften.

Das gängige Bild vom Apfel als verbotener Paradiesfrucht beruht nicht auf der Bibel, sondern auf einer falschen Übersetzung des lateinischen Wortes malus, das sowohl „böse" als auch „Apfelbaum" bedeuten kann. Da sich Adam und Eva nach Genuss der Früchte mit Feigenblättern bekleideten, könnte mit der verbotenen Frucht eine Feige gemeint sein, die in der Bibel als Symbol für Heilung steht.

1944 wurde in England die letzte Frau als „Hexe" zu neun Monaten Haft verurteilt.

Ovomantie nennt man die Weissagung aus Eiern.

Beim Bau der Arche, war Noah ganze 600 Jahre alt.

Buddhas letzte Mahlzeit waren Trüffel.

St. Nikolaus (06.12.) ist unter anderem Schutzpatron der Diebe!

Haruspizium nennt man die Wahrsagung aus den Eingeweiden von Opfertieren.

2012 hatte die Religionsgemeinschaft "Die Homeristen" 3000 Mitglieder – sie entstand aus der Kult-Comic-Serie "Die Simpsons". Sie leben streng nach den Grundsätzen der Unwissenheit, der Faulheit und des Minimalismus.

Justo Gallego Martínez ist ein ehemaliger spanischer Mönch, der seit 1961 eine Kirche in Mejorada del Campo allein errichtet.

# Die islamischen Gesichtsschleier der Frauen auf Sansibar heißen „Ninja".

Weil ihm die Behörden keine Genehmigung zum Bau einer Kirche erteilen, setzt ein Priester in Russland auf ein Gotteshaus, das man wie eine Kinderhüpfburg aufpusten kann.

In Polen sucht die Kirche Alternativen zu Partnerbörsen und lädt Singles zu Spezial-Gottesdiensten ein. Dort sollen einsame Herzen die große Liebe finden.

In einigen Kirchen in den USA gilt es als Glaubensbeweis, in der Messe giftige Schlangen zu berühren. Ein Fernsehsender organisierte einen Gottesdienst und machte daraus eine Realityshow.

Weil die Kirche im südenglischen Grazeley kein Geld hat, „mähen" Schafe das Gras. Doch die Tiere fressen nicht nur das Gras, sondern auch Blumenschmuck, was Angehörige verärgert.

# Sport

**Fußballfans randalieren** bei Siegen ihrer Mannschaft häufiger als bei Niederlagen.

Tennis wurde im 11. Jahrhundert in französischen Klöstern erfunden.

Kanada importiert täglich etwa 822 Hockeyschläger, welche in Russland angefertigt werden.

Eine „La Ola" Welle hat eine Geschwindigkeit von 12 Metern pro Sekunde.

**Bei Beachvolleyballerinnen durfte das Höschen an der Außenseite des Oberschenkels bis vor wenigen Monaten nicht breiter als sieben Zentimeter sein, ansonsten drohte die Disqualifikation.**

Wegen des starken Windes auf den Färöer-Inseln erlaubt der Fußballweltverband, dass bei einem Elfmeter ein Mitspieler den Ball für den Schützen mit der Hand festhält.

Ein ausgezeichneter Schwimmer schafft es im Eiswasser 200 Meter zurückzulegen, ehe er stirbt.

Als Bananenflanke bezeichnet man im Fußball einen Querpass vor das gegnerische Tor mit stark gekrümmter Flugbahn. Der Ball wird vom Spieler auf etwa 100 km/h beschleunigt und dreht sich etwa achtmal pro Sekunde um die eigene Achse.

In Japan schließen Golfer eine »Hole-in-one«-Versicherung ab, weil sie im Fall eines „Asses" all ihren Freunden ein Geschenk machen müssen.

Die Vertiefung auf Golfbällen heißen Dimpels.

Der olympische Fackellauf ist eine Eröffnungszeremonie der Olympischen Spiele in der Neuzeit, die es erst seit den Olympischen Sommerspielen 1936 in Berlin gibt.

Die schnellste gelbe Karte aller Zeiten bekam 1992 der britische Fußballer Vinnie Jones für ein Foul - drei Sekunden nach Anpfiff.

## Bernd Martin hatte die kürzeste Laufbahn in der deutschen Fußballnationalmannschaft. 1979 spielte der Verteidiger vom VfB Stuttgart nur drei Minuten gegen Wales.

Der Ausdruck „die Arschkarte ziehen" kommt aus dem Fußball, und zwar aus der Zeit, bevor sich das Farbfernsehen vollständig durchgesetzt hatte. Damit die Zuschauer zu Hause erkennen konnten, ob eine gelbe Karte oder eine rote Karte vergeben wurde, trug der Schiedsrichter die gelbe Karte in der Brusttasche und die rote Karte in der Gesäßtasche (Arschtasche).

Die ersten Cheerleader im American Football waren Männer.

„Körperkulturistik" nannte man Bodybuilding in der DDR.

Flächenmäßig ist die Aspire Hall in Katar die größte Sporthalle der Welt. Unter dem gigantischen Dach der «Aspire Hall» stecken ein Fußballstadion, eine 200-m-Leichtathletikbahn, ein 50-Meter-Schwimmbecken plus Sprungbecken, eine Kunstturn-Halle, eine Halle für weitere Ballspiele, 13 Tischtennis-Plätze, 3 Plätze für Kampfsport, 8 Fechtbahnen und 2 Squash-Courts.

Es ist in Kanada strengstens verboten, ohne »lebenssicherndes Gerät« aus einem Flugzeug zu springen.

Im Stadion von Borussia Mönchengladbach gibt es 752 Toiletten. In dem von Bayer Leverkusen nur 158.

**1**928 durchschwamm Richard Halliburton den Panamakanal. Er deklarierte sich als Schiff und bezahlte für die „Passage" eine Gebühr von 36 Cent, die nach seinem Gewicht von etwa 70 kg berechnet wurde. Halliburton blieb bislang der einzige Mensch, der die Gesamtstrecke des Panamakanals durchschwommen hat.

**F**ür Läufer ist es einfacher bei gleichbleibender Geschwindigkeit die Distanz zu steigern. Schwer hingegen ist es für Läufer, bei gleichbleibender Distanz, die Geschwindigkeit zu steigern.

**D**er tiefste Swimmingpool der Welt heißt Nemo33 und ist 33 Meter tief. Er ist für den Tauchsport entwickelt und gebaut worden.

# Der Name des Torwartes des Fußballvereins „FC Angeln 02" ist Tore Wächter.

**D**er Weltrekord im Kirschkernweitspucken liegt bei 21,71 m, aufgestellt wurde er 2003 vom siebenmaligen Sieger Oliver Kuck.

**U**m seinen Lebensunterhalt zu sichern, verdingte sich der italienische Gold-Turner von 1908, Alberto Braglia, als lebende Kanonenkugel im Zirkus. In Folge wurde ihm der Amateurstatus aberkannt. Kurz vor den Spielen 1912 erhielt er ihn zurück — und gewann wieder Gold.

**U**nter Freunden der freien Körperkultur (FKK) ist Volleyball seit Jahren die beliebteste Sportart.

# Das Fußballfeld muss in Deutschland Baum-frei sein – und das schon seit 1896!

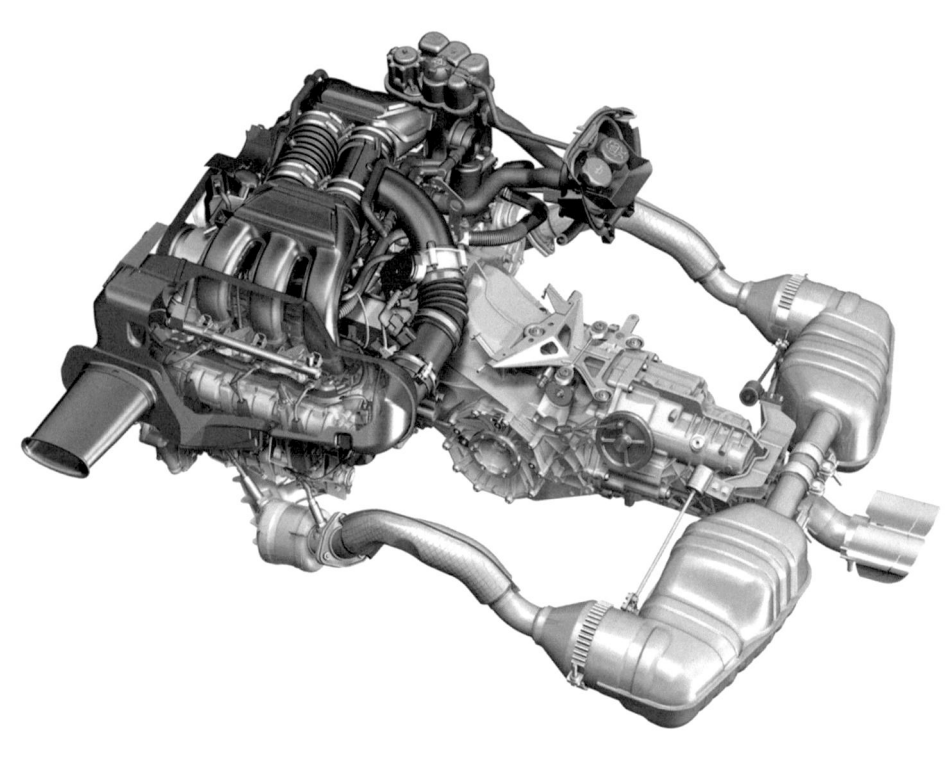

# Technik

Schiffe schwimmen in warmem Wasser schneller als in kaltem.

Granaten heißen so, weil die ersten dieser »Wurfbomben« dem Granatapfel ähnelten.

Die Konservendose wurde 1804 erfunden, der dazugehörige Dosenöffner erst 1858.

Die Zahl Pi ist am Computer auf zwei Milliarden Stellen genau berechnet wurden.

Bestreicht man Hochspannungsleitungen mit Zahnpasta, so surren diese bei Regen nicht.

## Die meisten **Toiletten** spülen in der Tonart E-Dur.

Die durchschnittliche Nutzung einer Bohrmaschine beträgt im gesamten Leben eines Menschen nur etwa 13 Minuten.

Im Kühlschrank leben deutlich mehr Keime als auf der Toilette.

Jährlich werden weltweit 1,3 Milliarden Uhren verkauft.

Eine Cruise-Missiles kostet 1,1 Millionen Dollar pro Stück.

Die Bezeichnung „Roboter" ist aus dem Tschechischen und heißt übersetzt Fronarbeit.

Mit einer Kugelschreibermine kann man einen Strich mit einer Länge von 5.000 bis 10.000 Metern ziehen.

Cola eignet sich als Rostentferner.

Das älteste Wasserklosett mit funktionierender Spülung ist ca. 4000 Jahre alt und befindet sich im Palast von Knossos auf Kreta.

## Das Mobiltelefon wurde bereits 1942 zum Patent angemeldet.

**D**as Land mit dem kleinsten Eisenbahnnetz weltweit ist der Vatikanstaat. Dort gibt es ganze 862 Meter Schiene. Das Land, dass das dichteste Eisenbahnnetz weltweit besitzt, ist die Schweiz mit 8,154 km² Landfläche pro einem Kilometer Gleis.

**E**in weitverbreiteter Irrtum ist, dass die Farbe einer "Black Box" in einem Flugzeug schwarz sei. Damit diese bei einem eventuellen Absturz leichter zu finden ist, ist deren Farbe orange!

**W**indmühlen drehen sich entgegen dem Uhrzeigersinn.

**L**eere Kühltruhen haben einen höheren Stromverbrauch als volle.

**E**ine Boeing 747 besteht aus sechs Millionen Einzelteilen, davon sind allein die Hälfte Befestigungselemente, die in 33 verschiedenen Ländern hergestellt werden.

**D**ie erste **Festplatte**, die für den Apple II verfügbar war, hatte eine Kapazität von **5 MB**.

**D**er Grund, warum Kanalisationsdeckel kreisrund sind liegt daran, dass runde Deckel niemals durch das Loch hineinfallen können.

**D**as Datenvolumen der Menschheit betrug Anfang 2013 über 2 Zettabyte (2.000.000.000.000.000.000.000 Byte). In iPads umgerechnet ergäbe es ein Bauwerk, das etwa so lang wie die Chinesische Mauer wäre, die eine Länge von über 21.000 km hat.

**I**Phone-BesitzerInnen wechseln ihre SexualpartnerInnen häufiger als andere Smartphone-BesitzerInnen – doppelt so oft wie Android-BesitzerInnen.

# Ein Drittel der Frauen im Alter von 18 – 34 Jahren rufen zuerst ihr Profil bei **Face-book** ab, <u>bevor</u> sie ins **Bad** gehen.

**W**ohlfühlwarzen – so nennen sich die kleinen Erhebungen auf den Tasten der Buchstaben "F" und "J".

**U**m die Zahl 10^10^10 in MS-Word auszuschreiben, müsste man seinen Finger 13 Jahre und 7 Monate auf der Null-Taste halten.

**I**n Nottingham (Großbritannien) wurde 1908 die erste öffentliche Telefonzelle aufgestellt und angeschlossen.

**B**ei der Lufthansa gibt es keine Sitzreihe 13 und 17 – diese Zahlen stehen in Italien für Unglück.

**E**in Autokran hat ein Gewicht von 800 Tonnen und mehr.

**5**0% der Weltbevölkerung haben noch nie einen Telefonanruf getätigt oder erhalten. Im Vergleich dazu hat jeder Deutsche durchschnittlich 1,3 Handys.

**D**er Bezeichnung Kunststoff hat ihren Ursprung nicht im Wort künstlich, sondern weil das Material früher ausschließlich in der Kunst verwendet wurde.

# Ein Pendel kann beliebig ausgelenkt werden und kommt trotzdem gleich schnell zurück.

**S**ogenannte Mega-Trucks haben ein Gewicht von etwa 200 Tonnen und können 300 Tonnen laden.

**I**n New York gibt es zum Teil noch Wasserleitungen aus Bambus.

# Tierwelt

Vögel haben immer kalte Füße.

Ein ausgewachsener Oktopus schafft es mühelos durch ein Loch vom Durchmesser einer 2 Euro Münze.

600 Liter Muttermilch trinkt ein Blauwal-Junges am Tag.

Weibliche Löcherkragen wiegen fünf Kilogramm, Männchen nur ein viertel Gramm.

## Im thüringischen Dittersdorf gibt es eine Kuh-Ampel. 35.000 Euro wurden dafür ausgegeben und soll 20 Rindviecher sicher über die Straße bringen.

Männliche Affen können eine Glatze bekommen.

Die Faustregel für Aquarianer: ein Liter Wasser pro Zentimeter Fisch.

Strauße schlucken Steine, weil Sie keine Zähne haben und so die Nahrung zerreiben.

Gorillas und Orang-Utans müssen wie Menschen das Schwimmen erst lernen.

14 Gramm Rosinen je Kilogramm Hund töten einen Labrador.

Der Orgasmus eines Schweins dauert etwa 30 Minuten.

Alle Schwäne in England sind Eigentum der Queen.

Kraken haben einen Lieblingsarm.

Die Seewespe, auch Würfelqualle genannt, gilt als giftigstes Tier der Welt und lebt vor den Küsten Australiens. Mit ihrem Gift könnte eine Qualle bis zu 250 Menschen töten.

Die Fellstreifen eines Tigers sind so einzigartig wie ein menschlicher Fingerabdruck.

Ein Bienenvolk muss für ein Pfund Honig zwei Millionen Blüten besuchen und dabei insgesamt 88.000 Kilometer zurücklegen.

Elefanten sind die einzigen Säugetiere, die vier Knie haben.

Fledermausmännchen haben entweder ein großes Hirn oder große Hoden. Beides zusammen gibt es nicht.

Eisbären sind Linkshänder.

Rote Seeigel werden maximal 200 Jahre alt.

Giraffen können sich mit ihrer Zunge die Ohren lecken.

Die Eintagsfliege paart sich in der Luft, um Zeit zu sparen.

Starre verstehen Schachtelsätze.

Einige Nacktschnecken sind Allesfresser, unter anderem fressen sie auch ihresgleichen.

Pandabären werden etwa 150 Zentimeter groß.

Seit dem Zweiten Weltkrieg gibt es keinen belegten Fall, dass ein freilebender Wolf jemals einen Menschen getötet hat.

Seesterne haben kein Gehirn.

Stabheuschrecken haben bis zu 6 Wochen lang Sex.

200 Billiarden Termiten weltweit erzeugen 30 Prozent des Methangehalts der Erdatmosphäre.

# Die schnellste Bewegung im Tierreich ist der Flügelschlag der Mücke: neunhundertfünfzigmal pro Sekunde.

Ein Stubenfliegenpärchen könnte so viele Nachkommen hervorbringen, dass die Bundesrepublik Deutschland unter einer zwei Meter hohen Schicht begraben würde.

Schmetterlinge haben ihren Geschmackssinn in den Beinen.

Die Haare des Faultiers sind am Bauch gescheitelt, damit sich das Fell nicht mit Regenwasser vollsaugt und die Tiere im Schlaf vom Baum fallen.

Um ein Frettchen wiederzubeleben, schwenken Tierärzte es in der Luft hin und her. Für ein Pferd benutzen sie einen Ventilator oder springen ihm auf dem Bauch.

Delfine schlafen, indem sie immer eine Gehirnhälfte einschlafen lassen und mit der anderen wach bleiben. Dadurch wird die Atmung aufrechterhalten. Außerdem bleibt ein Auge beim Schlafen stets geöffnet, so dass die Umgebung und mögliche Angreifer wahrgenommen werden können.

Marienkäfer tragen: 2, 5, 7, 10, 14, 16 oder 22 Punkte.

# Fische können an Sonnenbrand sterben.

Der Aal hat den am stärksten ausgeprägten Geruchssinn.

1905 wurde in Chicago die erste Hunde-Herztransplantation vorgenommen.

Ein Pferd kann eine Leistung von 24 PS verbringen.

Das Auge des Vogel-Strauß ist größer als sein Gehirn.

Eine Fliege, die unmittelbar zu vor in ein Wasserglas geflogen ist, kann man wiederbeleben, in dem man sie mit Kochsalz bestreut.

Schwertwale erlegen Möwen, in dem sie zerkauten Fisch als Köder an die Meeresoberfläche spucken.

## Zugvögel fliegen von Norden nach Süden langsamer als entgegengesetzt.

50% des weltweiten Kaviarhandels werden über die Schweiz abgewickelt.

Landschildkröten werden bis zu 188 Jahre alt.

Jeder zweite Elefant ist „Linksrüssler".

Eintagsfliegen essen nicht.

Katzen können nichts Süßes schmecken.

Regenwürmer kommen an die Erdoberfläche, um nicht in ihren Wohnhöhlen zu ertrinken.

In Bonn sitzt das UN-Sekretariat zur Erhaltung der europäischen Fledermauspopulation.

Wenn sich ein Frosch übergibt, kommt sein ganzer Magen mit heraus. Sobald der Magen leer ist, muss der Frosch ihn wieder hinunterschlucken.

Eisbären pinkeln während ihres Winterschlafs monatelang nicht.

Wale verständigen sich in Dialekten.

Aller 3 Sekunden stirbt weltweit ein Hai durch den Menschen.

Der Vogel mit dem längsten Penis ist eine Ente - genau genommen ist es die Argentinische Ruderente. Die Ente wird gerade einmal 40cm groß, der Penis hingegen kann bis zu 42,5cm lang werden.

# Mensch, Schimpanse, Orang-Utan, Delfin, Elefant und Elster sind die einzigen Lebewesen, die sich selbst im Spiegel erkennen.

Der Penis eines Gorillas ist etwa 5cm lang, der des Blauwals etwa 2,5 Meter.

Die Wanderratte kann sich bis zu 500mal in 6 Stunden paaren.

Elefanten meiden Hügel. Sie verbrauchen beim Bergaufgehen zu viel Energie.

Katzenurin leuchtet unter UV-Licht.

Die älteste Windhundrasse ist die ringelschwänzigestehohre Variante.

20.000 Zähne verschleißt ein Hai im Laufe seines Lebens.

Termiten erkennen die Größe eines Holzstücks durch die Kaugeräusche.

# Elefanten lassen bis zu 30 Kilogramm Kot auf einmal ab.

Im Oktober 1971 ließ der Schah von Persien zum 2500. Jahrestag seines Landes Wald in die Wüste pflanzen und 50000 Singvögel importieren, die aber schon nach 3 Tagen verendeten, weil sie das Klima nicht vertrugen.

Im Zoo in Hannover werden Dauerkartenbesitzer mit Hilfe von Face Recognition am Gesicht erkannt.

Das Gürteltier ist neben dem Menschen das einzige Säugetier, welches an Lepra erkranken kann.

Hündinnen können von mehreren Hunden tragend sein.

In Kenia leben Elefanten, die die Geräusche vorbeifahrender Fahrzeuge imitieren können.

## Ein Hai nimmt Blut selbst bei einer Verdünnung von 1 zu 100 Millionen wahr.

Küchenschaben gab es bereits vor den Dinosauriern.

Das Eiweiß enthält weniger Eiweiß als das Eigelb.

Fische können Herpes bekommen.

Ein Albatros kann 950 Kilometer am Tag zurücklegen.

Der Knall der Pistolenkrebse ist so laut, dass er Beutetiere töten und sogar die Sonargeräte von Schiffen in die Irre leiten kann. Seine Knallscheren erreichen zwischen 150 bis 200 Dezibel. Es ist damit das lauteste Geräusch in der Tierwelt.

Armeisenbären fressen weitaus mehr Termiten als Ameisen.

## Die Küstenseeschwalbe fliegt jährlich annähernd 400.000 Kilometer von der Arktis in die Antarktis und zurück.

Seesterne haben kein Gehirn.

Der in Australien beheimatete Inlandtaipan ist die gefährlichste Schlange der Welt. Er kann mit einem Biss 110 mg Gift verabreichen und damit über 100 Menschen oder 250.000 Mäuse töten.

Tauben können Bilder von Picasso und Monet am Malstil erkennen.

Der Schwarze Merlin ist der schnellste Fisch der Welt. Er legt innerhalb von weniger als 3 Sekunden 100 Meter zurück.

**G**reifvögel können ultraviolettes Licht erkennen. Der Urin der Mäuse reflektiert es.

**E**in Kamel kann innerhalb von 15 Minuten 200 Liter Wasser aufnehmen.

**T**intenfische können zur Tarnung die Farben ihrer Umgebung annehmen, obwohl diese farbenblind sind.

**D**ie älteste Hauskatze der Welt hieß "Grandpa" und lebte ganze 34 Jahre, 2 Monate und 4 Stunden.

**K**oalas brauchen zum Überleben nichts als Eukalyptusblätter – und zwanzig Stunden Schlaf am Tag. Damit sind sie die wohl faulsten Tiere der Welt.

**W**ährend schwerer Regenfälle starren viele Truthähne mit offenem Schnabel in den Himmel und ertrinken dabei.

# Ein Goldfisch hat eine Gedächtnisspanne von 3 Sekunden.

**D**amit eine Katze den Energiebedarf allein durch die Erbeutung von Mäusen decken könnte, müsste diese 8 bis 15 Mäuse pro Tag fressen. Eine Maus hat ca. 30 kcal.

**E**ine Küchenschabe kann mehrere Wochen lang ohne Kopf leben und sich während dieser Zeit sogar vermehren – danach verhungert sie.

**W**issenschaftler haben 200.000 Strauße über acht Jahre beobachtet. Kein einziger Strauß steckte in dieser Zeit seinen Kopf in den Sand.

**K**atzen können sich durch Schnurren schneller heilen. Die Resonanz des Schnurrens hat positive Auswirkungen auf die Heilung von Knochenbrüchen.

## Wenn die gesamte Familie übergewichtig ist, ist es deren Hund in der Regel auch.

Hält man Goldfische in dunklen Räumen, werden sie weiß.

Schafe trinken niemals aus fließenden Gewässern.

Orkas töten Haie, indem sie sie von unten in den Magen torpedieren, woraufhin die Haie regelrecht explodieren.

Die meisten Kühe geben mehr Milch, wenn sie Musik hören.

Hasen und Ratten können sich nicht übergeben.

Kolibris können nicht zu Fuß gehen.

Spinnentiere (Arachnoidea) haben in der Regel acht Augen.

Schimpansen führen Kriege gegen benachbarte Artgenossen, wie amerikanische Forscher in Uganda herausgefunden haben. Laut den Wissenschaftlern dienen die Feldzüge dazu, neue Futterplätze zu alimentieren. Überdies sei es möglich, dass die Tiere durch die Vergrößerung ihres Territoriums Zugang zu mehr und neuen Weibchen bekommen wollten.

## In der Karibik gibt es Austern, die auf Bäume klettern können.

Nur weibliche Moskitos stechen, da sie das Blut für ihre Kinder benötigen.

Erdferkel haben eine Tragezeit von 210 Tagen.

Elefanten können aufgrund ihres Muskelaufbaus und ihres Gewichts nicht springen.

Der Zaire-Ebola-Virus wird nicht durch Fledermäuse übertragen.

Kamele werden ohne Höcker geboren.

Mauersegler bleiben bis zu 3 Jahre ununterbrochen in der Luft.

## In einem Elefantenrüssel haben bis zu 6 Liter Flüssigkeit Platz.

Koala Bären haben Fingerabdrücke, die nur unter dem Mikroskop von menschlichen zu unterscheiden sind.

Um ihre Verdauung anzuregen fressen Haie durchaus auch Steine – Krokodile tun es auch!

Der Wisent ist das größte Landsäugetier Europas.

Das Pferd Alexanders des Großen hieß Bukephalos (Ochsenköpfiger).

Die Chinesische Rotbauchunke (lat. Bombina orientalis) hat herzförmige Pupillen.

## Maultier und Maulesel unterscheiden sich durch eine simple Tatsache: Beim Maultier ist das Pferd die Stute und der Esel der Hengst. Beim Maulesel ist es umgekehrt, da ist der Esel die Stute und das Pferd der Hengst.

Wird in Florida ein Elefant an einer Parkuhr festgebunden, dann ist die normale Parkgebühr für PKWs zu entrichten.

40 % aller Säugetiere sind Nagetiere.

Faultiere können bis zu 30 Minuten die Luft anhalten.

In Norwegen haben Kühe laut Gesetz das Recht, auf einer Matratze zu schlafen.

Grillen könne mit ihren Knien hören.

**E**lefanten wachsen ihr gesamtes Leben lang.

**S**chweine können durch ihren Körperbau nicht in den Himmel schauen.

**F**ledermäuse fliegen immer nach Links, wenn sie ihre Höhle verlassen.

**C**hamäleons besitzen zwei Penisse, einen für jede Seite, je nachdem auf welcher Seite das zu begattende Weibchen ist wird der jeweilige Penis benutzt.

**E**ine Ratte kann länger ohne Wasser überleben als ein Kamel.

**R**atten sind kitzelig, sie lachen sogar, wenn man sie kitzelt.

**D**as gebärfreudigste Wesen der Welt ist die Termitenkönigin. Sie legt in ihrem Leben über eine Milliarde Eier.

**D**ie Südlichen See-Elefanten von Marion Island, einer Insel im südwestlichen Teil des Indischen Ozeans, können mehr als 2000 Meter tief tauchen.

Männliche Fruchtfliegen betrinken sich mit Alkohol, wenn sie keinen Sex bekommen!

**D**as Opossum hat dreizehn Nippel.

**D**ie mongolische Wüstenrennmaus ist die sich am schnellsten vermehrende Säugetierart. Von ihr ist bekannt, dass sie schwanger zur Welt kommen kann.

**P**inguine haben perfekte aerodynamische Eigenschaften und würden fliegen, wenn sie auf 267 km/h beschleunigen könnten.

**E**ichhörnchen tragen dazu bei dass jährlich Millionen von neuen Bäumen wachsen, da sie vergessen wo sie einen Teil ihrer Nüsse für den Winter vergraben haben.

**9**0% der Giraffen ist bisexuell.

**1**0.000 Liter Blut zirkulieren im Körper eines Blauwals. Seine Hauptschlagader hat einen Durchmesser von 50 Zentimetern.

**S**chnecken können bis zu drei Jahre ununterbrochen schlafen.

**G**ottesanbeterinnen reißen ihren Männchen beim Sex den Kopf ab, da dadurch der Spermienausstoß vergrößert und die Befruchtung erhöht wird.

**D**er Gepard ist die einzige Katze, die ihre Krallen nicht einziehen kann.

**I**n den USA gibt es mehr Plastikflamingos als reale.

# **Polypen haben lediglich eine Körperöffnung, die sowohl Mund als auch After zugleich ist.**

**S**korpione können zweihundert Mal mehr Radioaktivität ertragen als Menschen.

**D**ie Zunge von Giraffen ist schwarz und über einen Meter lang.

**D**er Sex von Schimpansen dauert etwa 7 – 8 Sekunden, bei Präriewühlmäusen sind es 40 Stunden.

**G**orillas und andere Menschenaffen (Schimpansen und Orang-Utans) können nicht schwimmen.

**E**s gibt Fische mit einer Lunge (sogenannte Lungenfische – die in Afrika, Südamerika und Australien vorkommen), sowie Fische mit Beinen, die am Meeresgrund gehen können.

**D**as durchschnittliche Stachelschwein hat 30.000 Stacheln.

**B**ei Tigern ist nicht nur das Fell gestreift, sondern auch ihre Haut.

**D**ie Tragezeit vom Elefanten ist mit 22 Monate die längste im Reich der Tiere.

**E**in Schmetterling hat 12.000 Augen.

**T**iere die durch einen Blitzschlag umkommen, werden von Fleischfressern nicht gefressen.

**1**88 Dezibel beträgt die Lautstärke der Gesänge die von Blauwalen erzeugt werden. Sie sind damit lauter als ein startender Düsenjet (125 db).

# Obwohl das Fell von **Eisbären** weiß ist und somit eine gute Tarnung abgibt, ist die darunterliegende Haut <u>schwarz</u>.

**B**eim Liger bzw. Töwe handelt es sich um sogenannte Großkatzenhybride. Ein Liger entsteht wenn ein Löwen Männchen und ein Tiger Weibchen kopulieren. Für einen Töwe müssen ein männlicher Tiger und ein weiblicher Löwe ran.

**E**ntgegen ihres Namens, haben Tausendfüßler "nur" maximal 680 Beine.

**W**ährend im menschlichen Körper ca. 5 bis 6 Liter Blut enthalten sind, sind im Körper des Wellensittichs lediglich 4 bis 6 Milliliter enthalten.

**G**orillas schlafen bis zu 14 Stunden pro Tag.

**Z**ebras haben weißes Fell mit schwarzen Streifen!

**F**orscher haben entdeckt, dass Flöhe die auf Hunden leben höher springen können als ihre "Kollegen", die auf Katzen leben.

**D**er hierzulande ansässige Schmetterling riecht über die Füße.

**N**ur Säugetiere haben Haare.

**K**astrierte Ziegenböcke werden auch "Mönche" genannt.

**D**er Königspinguin kann bis zu 535 Meter tief tauchen.

**V**ertreter der Familie der Katzenhaie, legen viereckige Eier.

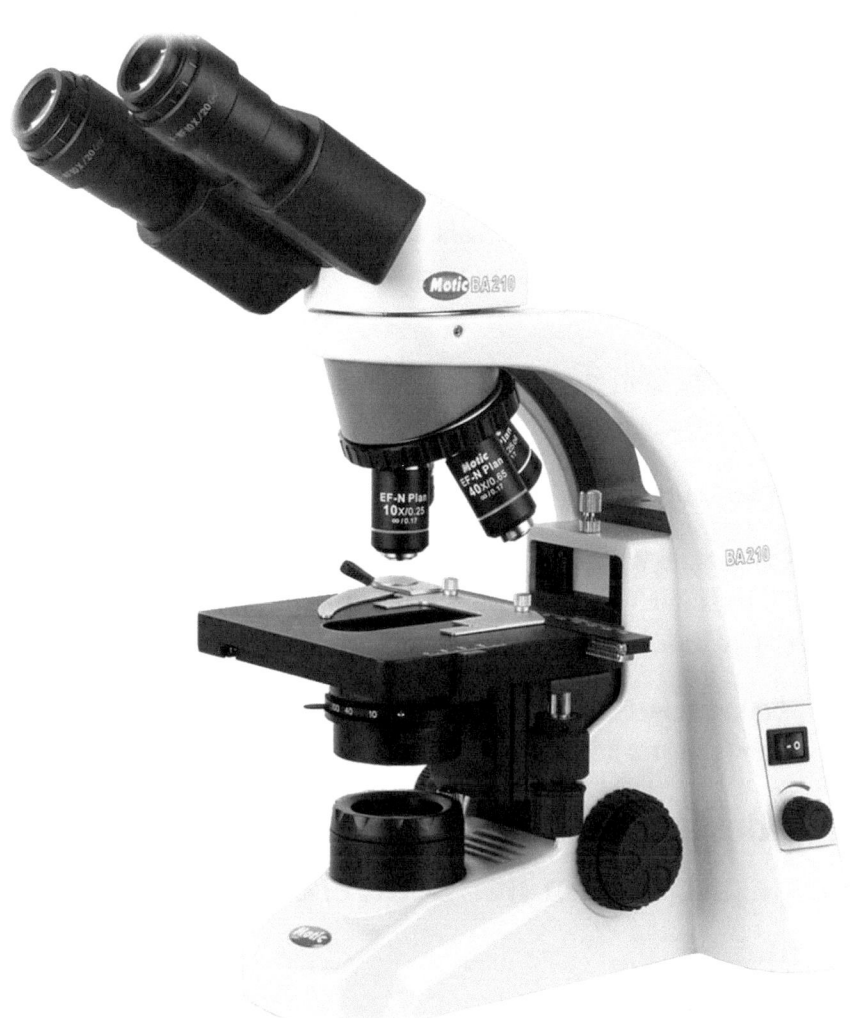

# Wissenschaft

**D**ie Wissenschaft von der Dummheit heißt Morologie.

**2**0.000 Meteoriten schlagen jährlich auf der Erde ein. Die meisten sind jedoch kaum größer als Kieselsteine.

**D**er Name Nylon ist ein Kunstname aus den Städtenamen New York und London.

**D**er Mond wiegt 70 Trillionen Tonnen.

**G**emessen an der Einwohnerzahl hat die Schweiz die meisten Nobelpreisträger. Das Verhältnis beträgt 1,111 Nobelpreise auf 1 Millionen Einwohner.

**E**ine Sekunde sind 1.192.631.700 Schwingungen der Strahlung beim Übergang zwischen zwei Energiestufen des Isotops Cäsium 133.

**D**er härteste Grad eines Bleistifts ist Neun-H.

**D**ie Raumsonde Voyager 1, die am 5. September 1977 ins All geschossen wurde, ist zurzeit 19 Milliarden Kilometer von der Erde entfernt. Ein Funksignal benötigt 17 Stunden bis zur Erde.

**M**irpzahlen sind Primzahlen, die eine andere Primzahl ergeben, wenn man sie rückwärts liest.

## 2/3 der Astronauten übergeben sich, wenn sie das erste Mal in der Schwerelosigkeit ankommen.

**A**uf dem Mond liegen 2 Golfbälle. Der Astronaut Shepard hat sie 1971 mit einem Sechser-Eisen geschlagen.

**A**us nur einem Gramm Gold kann ein 24 Kilometer langer Goldfaden gezogen werden.

**D**ie Nabelschnur ist immer in Form einer Linksschraube verdreht.

**382** Kilogramm Mondgestein sammelten die Apollo-Astronauten zwischen 1969 und 1972.

**E**ine Peitsche knallt dann, wenn das Ende beim Schwingen Schallgeschwindigkeit erreicht hat.

**T**heoretisch kann man bis zu 8.000 Sterne der Milchstraße mit bloßem Auge sehen, praktisch sind es aber nur maximal 2.500 für einen bestimmten Ort der Erde.

**E**in Mondtag und –nacht dauern jeweils 14 Tage, 18 Stunden, 22 Minuten und 2 Sekunden.

**D**en Weg zum Wahrsager kann man sich sparen. Einer Studie zufolge beträgt die Trefferquote der Weissagung gerade einmal 4 Prozent.

**A**b etwa 67m Tiefe mutiert Pressluft in normaler Atemluft zum Gift; ist der Sauerstoffanteil künstlich erhöht, treten Muskelkrämpfe und Halluzinationen entsprechend schneller auf.

# Ein Kubikmeter (m³) Luft wiegt ganze 1,29 Kilogramm.

**U**rsprünglich wurde der Siedepunkt bei 0 Grad Celsius und der des Gefrierpunktes bei 100 Grad Celsius festgelegt.

**D**ie weltweit längste bekannte Primzahl ist 257.885.161-1 (2 hoch 57.885.161-1) und hat über 17 Millionen Stellen.

**I**m All kann man nicht rülpsen. Der Grund: Kohlendioxid kann in der Schwerelosigkeit nicht nach „oben" gebracht werden.

# Eine 60 Watt Glühbirne fängt an zu leuchten, wenn man sie in eine Mikrowelle legt. Anschließend platzt sie.

**D**as Olf ist eine Maßeinheit zur Bewertung der Geruchsstärke. Sie geht davon aus, dass eine erwachsene Person 0,7 Bädern pro Tag nimmt und einer sitzenden Tätigkeit nachgeht.

**U**m übers Wasser gehen zu können, hätte Jesus eine Geschwindigkeit von genau 72 km/h haben müssen.

**B**ritische Forscher entdeckten 1977, dass das menschliche Ohr Geräusche nicht nur aufnimmt, sondern auch aussendet. Diese Geräusche entstehen durch Aktivitäten der Haarzellen im Innenohr.

**F**ür die Strecke von der Erde bis zum Mond – 384.400 km – würde man 18 Tage mit dem Flugzeug oder 6 Monate mit dem Auto benötigen.

## Die elementaren mathematischen Funktionen "Sinus" und "Kosinus" heißen aus dem Latein übersetzt: "Busen" und "der Busen daneben".

**D**er Erdkern dreht sich in einem Jahr 0,009 Sekunden schneller als die Erdkruste.

**E**ristik ist die Kunst des Streitens und Debattierens mit dem Ziel, Recht zu behalten, selbst wenn man im Unrecht ist.

**D**er als Adam Riese bekannte Rechenmeister hieß in Wirklichkeit Adam Ries. Die falsche Schreibweise seines Namens ist allerdings so verbreitet, dass die Gebühreneinzugszentrale im Jahr 2009 "Herrn Adam Ries" vom gleichnamigen Museum in Annaberg-Buchholz aufforderte, seinen Fernseher anzumelden.

## Englische Wissenschaftler haben eine kuriose Energiequelle aufgetan: Sie nutzten menschlichen Urin, um ein Handy aufzuladen.